이것은 성교육 책이 아님

추시타 패션 피버(Chusita Fashion Fever)는 스페인에서
선풍적인 인기를 끈 유튜버 마리아 헤수스 카마(Maria Jesus
Cama)의 필명입니다. 자신의 유명한 유튜브 채널에서,
추시타는 10대에게 여러 주제에 관해 진솔한 이야기를 전합니다.

추시타
패션 피버

이것은
성교육
책이
아님

내인생의책

김부민 옮긴 이

옮긴 이 김부민은 과학서와 역사서를 즐겨 읽는 번역가다. 경영학으로 학사 학위를, 재무학으로
석사 학위를 받았다. 과학과 인간이 만나는 좋은 책을 번역하여 독자에게 소개하고 싶다는 소망이 있다.
논리가 살아 있는 책을 아름답게 번역하는 방법을 고민하고 있다.

청소년 지식수다 8

이것은 성교육 책이 아냐

추시타 패션 피버 글 | 김부민 옮김
초판 인쇄일 | 2020년 3월 11일 | 초판 발행일 2020년 3월 16일
펴낸이 조기룡 | 펴낸곳 내인생의책 | 등록번호 제10호-2315호
주소 서울특별시 성동구 연무장5가길 7 현대테라스타워 E동 1403호
전화 02)335-0449, 335-0445(편집) | 팩스 02)6499-1165
전자 우편 bookinmylife@naver.com | 홈페이지 http://bookinmylife.com

ISBN 979-11-5723-603-9 (43330)

Original title: Esto no es un libro de sexo
Text ⓒ Chusita Fashion Fever, 2016
Illustrations ⓒ Maria Llovet, 2016
Translation rights arranged by IMC Agència Literària, SL and Eric Yang Agency.
All rights reserved.

Korean translation copyright ⓒ 2020 by The Bookinmylife
Korean translation rights arranged with IMC Literary Agency
through EYA(Eric Yang Agency)

이 도서의 국립중앙도서관 출판예정도서목록(CIP2020008680)은
서지정보유통지원시스템 홈페이지(http://seoji.nl.go.kr)와
국가자료종합목록 구축시스템(http://kolis-net.nl.go.kr)에서 이용하실 수 있습니다.

내가 너라면,
날 놓치지 않을 거야. 👍

목차

섹스, 톡 까놓고 끝장 토론하자

BY 추시타

누구 알려줄 사람? 사람들이 왜 섹스에 관해 공개적으로 이야기하지 못하는지? 그래, 섹스, 섹스, 섹스…… 섹스 말이야! 섹스를 섹스라 부르지 못하고, 섹스 문제는 시옷도 못 꺼내고, 섹스 얘기를 할 때는 쉬쉬거리고. 이런 게 답답하지 않아? 세상에, 지금은 21세기라고! 다들 알잖아. 말을 빙빙 돌리기만 하는 건 이제 그만 멈출 때가 됐어!

몸속에서 잠자던 욕망이 깨어나기 시작했어? 처음으로 성적인 경험을 하긴 했는데, 뭐가 뭔지 감을 못 잡겠어? 이제 막 시작했지만, 더 많이 알고 싶어? 그렇다면, 이 책은 바로 널 위한 책이야! 나는 온갖 대답과 아이디어와 생각거리를 줄 수 있어! 그것도 네가 배꼽 빠지게 웃게 만들면서 말이야! 게다가 이 책에는 야한 그림과 만화도 실려 있어. 아마 헤 벌린 입을 다물지 못할걸? 관심 있어? 내가 너라면…… 내 말을 믿을 거야!

내가 왜 이런 책을 썼는지 궁금할 거야. 대답은 간단해. 내가 올린 영상에 달린 코멘트랑 사람들이 보낸 메시지를 읽어봤거든. 글쎄, 사람들이 다들 섹스에 관해 어쩔 줄 몰라 하더라고! 내가 유튜브 채널을 처음 오픈했을 적에, 나는 사람들에게 진짜로 필요한 게 뭔지 몰랐어…… 나중에 알게 되었지만, 그건 바로 사적인 조언이었지! 그래서 나는 사람들의 고민을 다루는 "나에게서 너에게로"라는 섹션을 만들었어.

관계나 감정, 성적인 접촉에 관한 꼬리에 꼬리를 물고 이어지는 고민을 집중적으로 같이 해부하는 섹션이야. 그리고 나는 사람들에게 이런 정보를 볼 수 있는 더 다양한 방법이 필요하다는 사실을 절감했어. 말했잖아. 사람들은 다들 섹스에 대해 어쩔 줄을 모른다니까?

솔직히 말하면, 전혀 놀랍지 않은 일이야. 섹스를 둘러싼 금기가 많다 보니, 섹스는 신비와 미지 중간 어딘가에 속하게 되었어. 나도 마찬가지였어. 섹스와 처음 맞닥뜨렸을 때, 나도 부모님께 입도 벙긋하지 못했어. 나는 가톨릭 학교에 다녔는데, 학교에서 유성생식의 기본 개념이나 배운 정도였지.

친구들과 얘기하면서 알아낸 작디작은 지식과 그 당시의 청소년 잡지에서 주섬주섬 모은 정보를 통해, 섹스가 대체 뭔지, 나는 감을 잡기 시작했어. 그렇지만, 나는 내가 섹스에 관해 아무것도 아는 게 없다는 사실을 깨닫게 됐어. 일을 치를 바로 그 순간에서야.

P.S 블로거로서 나는 내 팔로어들과 그들의 코멘트로부터 정말 많은 것을 배웠어. 여러분이 없었다면 이 책을 쓰지 못했을 거야.
나를 지지해줘서 고마워!

 추시타
패션 피버

일급비밀

지금 와서 돌이켜보니, 어찌나 혼란스러웠던지. 내가 지금 아는 것들을 그 당시에 알았더라면, 시작하는 그 순간부터, 성생활이 훨씬 즐거웠을 거라고 확신해. 그래서 나는 이 책을 집필하기로 했어. **나는 성 과학자가 아니야.** 비슷하지도 않지. 그렇지만 나는 대다수 10대가 경험하는 일을 똑같이 겪었고, 나이를 조금 더 먹으면서 그게 무슨 일이었는지 알게 됐어. 청소년에게 성생활에 관해 설명해 주는 책이 절실한 것 같더라고. 첫 경험부터 행위 그 자체까지, 여과 없이 보여주는 책이 말이야. 만약 내가 더 어렸을 때 이 책이 있었더라면, 정말 좋았을 텐데!

나는 나를 불안하게 하는 **몇 가지 단계를 겪었어.** 처음으로 옷을 벗었을 때 마음이 편치 않았어. 내가 느끼는 감정이 정상인지 아닌지도 알 수가 없었고, 내 몸에 일어난 변화가 무슨 사악한 마술 때문이 아닌가 싶기도 했고, 내가 하는 일이, 해도 되는 일인지도 확신할 수 없었거든. 이거 너무 빠른 거 아냐? 아니면 더 빨리했어야 하는 건가? 뭐가 뭔지 알 수가 없었어. 이제, 관계를 몇 번 경험하고, 사춘기를 지나 보니, 그제야 많은 걸 알게 됐어. 그리고 내가 알게 된 것들을 이 책에서 함께 공유하려고 해. 그것도 적절한 유머를 덧붙여가면서! 이 책이 네가 **즐겁게 지내는** 데 도움이 되었으면 해. 네가 섹스를 즐겼으면 해!

시작! 😈

이 책에 몰입하는 데 필요한 것은, 섹스에 관해 기꺼이 얘기하려는 마음뿐이야. 그래. 우리 같이 터놓고 얘기해 보자고. 물론, 이건 글자로 적힌 책이긴 하지만, 나는 이 레슨이 여러분과 나 사이의 사적인 대화였으면 좋겠어. 고상한 말 따위는 집어치우고 섹스에 관한 길고 질펀한 대화 말이야.

이 책은 어떤 책일까? ☺

이 책은 성과 관련된 모든 것에 관한 책이야. 성에 눈을 뜨는 그 순간부터, 실제로 섹스할 때까지, 시작부터 끝까지 모든 과정을 다 짚어주는 책이지! 또 자기 자신의 몸과 친해지는 방법에 관해서, 커플로서 첫걸음을 떼는 방법에 관해서…… 그리고 그다음에 찾아올 일에 관해서 얘기할 거야!

목차를 보면 각 장이 무슨 내용을 담고 있는지 감을 잡을 수 있을 거야. 그리고 책 마지막 부분에는 재미있고 유용한 단어의 정의를 담은 용어설명이 있어!

이 책은 누구를 위한 책일까?

내가 섹스를 해야 한다든가, 하지 말라고 하지 않더라도 감안해 줘. 그건 다름 아닌 네가 전적으로 결정할 일이거든. 내가 할 수 있는 말은 이게 다야. 그렇지만 언젠가 찾아올 그 날을 대비해서, 미리 챙겨두어야 할 지식과 준비해야 할 일을 알려줄게.

이 책은 섹스에 대해 더 많이 알고 싶어 하는 10대를 위한 책이야. 열여섯 살이 되기 전에 섹스하면 불법이지만, 그렇다고 해서 **섹스에 관해 잘 알면 안 된다는 법은 우리의 법 어떤 조항에도 없어!** 실제로 성교하지 더라도, 얼마든지 섹스를 배우고 성생활을 탐구할 수 있어. 적절한 시기가 올 때까지, 충분한 성 지식을 쌓아두는 것은 정말 중요해. 그리고 바로 그 순간이 닥쳤을 때, 가장 중요한 것은 합의하고 안전하게 하는 거야.

그러니 힘을 내!

이 책을 읽으면
안 되는 사람

섹스 얘기를 하고 싶지 않은 사람.
편견이 있는 사람.

대상을 실제 이름으로
부르지 않는 사람.

섹스를 떠올리면 토할 것
같은 사람.

이 책을 읽어야 하는 사람

섹스에 관한 모든 것을
알고 싶은 사람.

편견이 없는 사람.
대상을 실제 이름으로
부르는 사람.

알면 알수록 신이 나는 사람.

그거 알아……? 😛

누구에게나 마음을 완전히 사로잡혔던 짝사랑이 있어. 작은 비밀을 하나 내놓을게. 10대였을 때 나는 백스트리트 보이즈의 멤버였던 닉 카터에게 빠져 있었어. 침실에는 그의 실물 크기 포스터가 붙어 있었는데, 어찌나 뽀뽀를 했는지 글쎄 그의 얼굴이 바래졌다니까!

이 책에는 뭐가 들어 있을까?

설명과 묘사, 생각과 이야기, 도시 전설과 흥미로운 사실들, 그리고 이런저런 조언이 들어 있어. 또 사람들이 나한테 보낸 질문도 들어 있고, 내가 네 입장이었다면 어떻게 했을지도 적혀 있지. 테스트도 몇 개 들어 있는데, 네가 지금 어떤 상태인지, 서로의 감정이 얼마나 뜨거운지 확인할 수 있어. 그리고 **온갖 상황에 관한 다양한 사례**가 들어 있어서 성에 눈을 뜬 사람이라면 누구나 자신과 비슷한 사례를 찾을 수 있을 거야.

조언 한마디
슬랭 섹션을 건너뛰지 말아줘. 진짜 재밌다니까!

이 책은 여느 책과 마찬가지로 처음부터 끝까지 읽어도 좋아. 그리고 우선 여러 장을 힐끗 훑어본 다음에 **매력적인 부분부터** 읽어도 좋아. 가령, 먼저 재밌는 테스트를 해보고, 매혹적인 그림이나 야한 만화를 즐긴 다음에 본문을 읽는 식으로 말이야. 간단한 것에서 시작한 뒤 점점 더 깊이 파고 들어가는 방식이지. 또 가이드나 안내서로 써도 좋아. 특정한 질문에 대한 답을 찾거나, 책에 있는 정보를 이용해 미래의 성생활을 위한 계획을 세우는 거지. 그러니까, 읽고 싶은 대로 읽고, 쓰고 싶은 대로 써. 하지만 뭘 어떻게 하든 간에,

즐기도록 해!

만약 내게 이 책이 있었더라면,
어떤 문제들에는
시달릴 필요가 없었을 거야.
가령…… 콘돔 씌우는 법을 모르겠어!
같은 것들!

섹스, 얼마나 아니?

어떨 때는 다 아는 것 같다가도, 어떨 때는 아무것도 모르겠어.
너는 얼마나 아니? 테스트를 해 보고, 점수를 합산해서 등급을 매겨봐!

클리토리스에 관해 안다?
1. 클리토…… 뭐? 나한테 이상한 질문 하지 마!
2. 그런 거 듣긴 했는데, 꼭 누가 꾸며낸 이야기 같기!
3. 어디에 있는지 알고, 어떻게 다뤄야 하는지도 안다!

포피에 관해 안다?
1. 포…… 뭐? 나한테 더러운 질문 하지 마.
2. 그런 게 있다. 움직이기도 하고, 뭐 그렇디!
3. 어디 있는지 알고, 그에 관해 잘 안다!

자위란?
1. 섹스 중독자들을 위한 것이다.
2. 열기를 식히는 좋은 방법이다.
3. 건전하고, 즐겁고, 적극적으로 권장할 만한 것이다.

누군가와 입맞춤을 한다는 것은?
1. 키스가 키스지 뭐.
2. 정말 멋진 경험이다!
3. 더 강렬한 무언가를 위한 시작이다.

콘돔의 용도는?
1. 친구들과 농담 따먹기를 하고, 장난치는 용도다.
2. 피임용이다.
3. 건전한 성생활을 즐기는 필수 용품이다.

오럴 섹스는?
1. 말하는 데 쓰는 것을 다른 용도로 쓰다니?
2. 내 눈에 별이 아른거리게 하는 행위다.
3. 입을 사용하여 즐거움을 주고받는 행위다.

커플 사이의 섹스란 모름지기?
1. 잊지 못할 정도로 황홀해야 한다.
2. 진지하게 생각해야 하는 문제다.
3. 합의로 이루어져야 하며, 둘 모두가 즐거워야 한다.

결과

(7~10점)
아무것도 모르네!
관심이 없거나, 혼란스러운 경우야. 이 책을 정말 열심히 읽어야 해! 한 페이지도 빼먹지 말고!

(11~14점)
여기저기서 뭘 좀 들었나 본데!
생물 수업에서 들었으려나? 여기 저기서 들은 게 있지만, 확실하게 모르지? 뭘 기다리고 있어? 확실히 알고 싶다면……이 책은 널 위한 책이야!

(15~18점)
순조롭게 나아가고 있네!
지금 뭔 얘길 하고 있는지 아는 것 같아. 경험이 쌓이면 더 나아지겠지만…… 이론적 지식을 익히면 그보다도 더 잘할 수 있을 거야! 이 책의 글이 생각을 다지는 데 도움이 될 거야.

(19~21점)
뭘 좀 아는 친구네!
정말 많이 컸어. 그렇지만…… 전부 다 안다고 확신해? 이 책에는 네가 짐작도 못 했던 개념과 테크닉이 나와!

몸과 쾌감
나 자신을 찾아서

인생에는 신체가 변하는 때가 있어. 바로 사춘기야. 전에는 몰랐던 신체 부위가 발달하기 시작하고, 여드름과 털이 사방에서 모습을 드러내고, 호르몬이 미쳐 날뛰기 시작해…… **겁먹지 마!** 누구에게나 일어나는 일이니까.

꽃처럼 연약하고 나뭇잎처럼 요동치는

신체 변화가 일어나면, 동시에 감정과 반응에도 변화가 일어나. 어떨 때는 감정이 극도로 예민해지고 순식간에 울고 싶고, 또 어떨 때는 짜증이 나거나, 이유 없이 웃음이 터져 나오기도 해. 기분이 꼭 **몰아치는 회오리바람처럼** 요동칠 거야.

신체적으로 예전에 느끼지 못했던 **감각을** 경험하게 될 거야. 좋아하는 사람과 말을 할 때면, 숨이 가빠지고, 땅바닥만 뚫어지게 보거나, 말이 한마디도 입 밖으로 나오지 않는 경험을 하게 될 거야. 무심한 손길에도 네 몸이 파르르 떨리고 상상력이 미쳐 날뛸 거야.

너와 너의 자아상

만약 여태까지 자신이 누군지 궁금했던 적이 없었다면, **지금이 바로 그때야.** 옷을 다 벗고 거울 앞에 서서, 눈과 손으로 몸의 형태를 세심하게 조사해봐. 온몸 구석구석을 훑어봐. 자신의 몸을 알아가는 게 섹스의 첫걸음이야.

처음에는 부끄러울 수 있고, 거울에 비친 네 모습이 마음에 안 들 수 있어. **자신을 함부로 재단하지 마.** 이상적인 아름다움이라는 기성관념에 현혹되지 마. 미의 기준이란 시대에 따라 변해. 자신의 몸을 예쁘게 봐주는 사람은 더 예뻐지기 마련이야. 그러면 주변 사람들도 네 매력을 알아차릴 거야.

네 몸을 즐기면 즐길수록, 네 몸이 더 예쁘고 멋지게 느껴질 거야. **크기는 중요치 않아.** 음경 크기든, 가슴 크기든, 그 무엇의 크기든. 중요한 것은, 네 몸에 대해 알고, 쓰는 법을 아는 거야. 이건 연애할 때 만족감을 높이는 데 도움이 돼.

부디 네 몸을 아껴. 그러면 몸이 완전히 새로운 감각의 세계로 인도해 줄 거야.

신화와 오해 ✋

추시타가 바로잡아 주겠어.

"남자의 음경이 크면 클수록 파트너가 느끼는 쾌감이 커진다."
전혀 아냐! 커다란 음경이 더 큰 즐거움을 의미하진 않아. 어떻게 쓰느냐가 더 중요해.

"여자애들은 외모를 보지 않는다."
응, 아니야. 당연히 따지지, 안 따지는 사람이 어딨어! 그렇지만 여자애들이 눈에 보이는 것만 따진다는 뜻은 아니야. 다른 느낌도 고려하거든.

"발이 큰 남자는 (혹은 손가락이나 팔이 긴 남자는) 성기도 크다."
거짓. 한 신체 부위가 다른 신체 부위의 크기를 결정하지 않아.

"남자애들은 맨날 섹스 생각만 한다."
그렇게 생각해? 정말 그렇다면, 남자애들은 아무것도 못 해야겠지? 물론 남자애들이 여자애들보다 섹스 생각을 많이 해. 그리고 여자애들도 섹스 생각을 해. 남자든 여자든 자기 시간을 모조리 섹스 생각으로 허비하는 사람은 없어(살짝 맛이 갔다면 또 몰라).

"예뻐 보이려면 제모해야 한다."
그딴 말 꺼낼 생각도 하지 마! 털이 있는 곳에 쾌락이 있어! 음모가 있는 데는 이유가 있다고. 음모는 각자 느끼기에 적절한 상태로 있으면 돼.

"수염 안 자란 남자애는 미성숙하다."
제발 좀! 콧수염이나 턱수염이 언제부터 자라야 하는지 정해진 것도 아닌 데다가, 애초에 수염은 누군가의 성적, 정서적 발달과 아무런 상관이 없어.

"남자는 가슴 큰 여자만 좋아한다."
그거 확실해? 뭐, 가슴이 크면 아마 눈길을 더 끌 순 있겠지…… 그렇지만 남자는 온갖 이유로 여자를 좋아해. 단순히 큰 가슴 때문이 아니라.

크기와 굵기는 중요치 않아.
중요한 건 어떻게 하냐에 달렸어.

여자의 몸 ♀

옛날엔 이런 여자들이 미인으로 여겨졌나 봐.

살갗이 엄청 하얗다.

나도 바로크 시대에 태어났어야 했는데!

여자는 사춘기가 되면 몸이 커지고 몸매가 둥글둥글하게 변해. 엉덩이가 커지고, 허리가 잘록해지고, 가슴이 커지고, 젖꼭지가 튀어나오고, 생리가 시작돼…… 어디 보자, **너 여자가 다 됐구나!** 이 모든 것은 네 몸이 성숙했음을 의미해. 그러니 **조심해!** 이제부터는 아이를 낳을 수 있는 몸이 되었다는 뜻이니까. **꿀꺽, 하고 침이 넘어가지?** 그러니 꼭 예방조치를 취해야 해.

새로운 감각들

변화가 많아도 너무 많다 보니, 네가 혼란스러울 만도 해. 감정이 쉽게 격해질 뿐만 아니라, 다른 사람에게 끌리기 시작할 거야. 이 끌림은 좋아하는 가수나 배우에게 반하는 것보다 더 깊은 감정이야. 네가 **성에 눈을 뜨기 시작하면서** 생긴 감정이거든. 그러니 무서워하거나 부끄러워할 이유는 없어.

네 몸이 호르몬을 생산하기 시작하는데, 이 호르몬이 신체적, 감정적 변화를 일으키는 원인이야. 또, 성적 욕구나 충동을 뜻하는 **리비도(Libido)**가 강해지는데…… 리비도를 풀어줘야 하는 필요가 커지는 것도 다 호르몬 때문이야.

초조한 감정과 낭만적인 생각, 심지어 에로틱한 공상까지, 너는 온갖 감정과 생각이 뒤섞이는 경험을 하게 될 거야. 그리고 유혹의 기술을 갈고 닦고, 이런저런 실험을 해 보고 싶을 거야.

처음 하는 성적 경험은 십중팔구 자기 자신과 하게 돼. 그래서 네 몸에 관해 아는 게 중요해. 네 성기는 크기와 기능이 모두 전과 달라졌거든.

여러 **섹스 가이드**에서는 거울을 써서 자신의 질을 잘 살펴보라고 권해. 한번 그렇게 해 봐! 교과서에 실린 지나치게 단순화한 그림과는 다른 무언가가 보일 거야. 진짜 인간은 그보다는 훨씬…… **리얼하거든!**

자기 몸 탐험하기

치골 혹은 비너스의 언덕 (MONS VENERIS): 두 다리 사이에 있는 세모꼴 둔덕으로 보통 털로 덮여 있어. 이곳을 어루만지면 흥분돼.

대음순: 외음부 바깥쪽을 감싸고 있는 조직으로, 흥분하면 살짝 벌어져.

소음순: 대음순 안쪽에 있는 좌우 한 쌍의 주름으로, 신경 말단이 집중된 성감대야. 꼭대기 부분에서는 좌우 주름이 만나면서 클리토리스를 덮어. 흥분 시 크기가 커져.

클리토리스(음핵): 질 입구 위쪽에 있는 작은 기관인데, 엄청나게 민감한 성감대야. 자극을 받으면 발기해.

질 입구: 요도 아래쪽에 있는 더 큰 구멍이야. 흥분 시, 삽입을 위해 촉촉해지고 넓어져.

외음부: 음순과 클리토리스를 비롯하여 여성의 외부 성기 전부를 총칭하는 말이야.

아름다움의 문제

정상적인 여자의 성기가 어떤 모습인지 검색 사이트에서 찾아볼 필요는 없어. **사람마다 다 다르니까.** 치골이 더 발달한 사람도 있고, 음순이 더 큰 사람도 있어…… 그리고 만약 거기에 음모가 나 있다면, 이유가 있어서 난 거야! 털은 민감한 부분을 박테리아에게서 보호해 줄 뿐만 아니라, 섹스하는 동안에는 감도를 올려주기도 해.

완벽한 몸을 가지려고 전전긍긍할 필요는 없어. 중요한 것은 **몸을 편안하게 받아들이는 거야.** 만약 몸을 바꾸고 싶다면, 공인된 방식을 쓰는 편이 좋아. 건강에 좋은 음식을 먹고, 운동하거나, 전문가의 도움을 받는 식으로. 이런저런 액세서리를 써서 **네 몸을 꾸미는 것도** 나쁜 일이 아니지만, 나중에 탈부착이 가능한 것들만 쓰는 편이 좋아. 네가 정말 평생 간직하고 싶은 게 무엇인지 고민할 시간이 앞으로도 많으니까.

가슴과 젖꼭지

많은 여자가 **가슴 크기에 집착해.** 여자는 남자가 가장 중요하게 보는 게 가슴 크기라고 생각하는 경향이 있으니까. 크기나 감촉을 비교할 생각 하지 마. 네 가슴은, 어떻게 생

성에 눈을 뜨는 건 정상이야. 겁먹거나 당황할 필요는 없어.

BY 추시타

겼든, 끝내주니까. 네 가슴과 친해지고 그걸 즐겨 봐.

가슴은, 그중에서도 젖꼭지는 **대단히 민감한 부분이야.** 가슴과 젖꼭지를 만지면 즐거운 시간을 보낼 수 있어.

젖꼭지는 중요한 **성감대야.** 젖꼭지는 자극을 받으면 단단해지면서 발기해. 그렇지만 어떤 사람은 흥분해도 젖꼭지에 아무 반응이 없기도 하고,

어떨 때는 젖꼭지를 자극해도 아프기만 할 때도 있어. 사람의 감도는 제각각인 데다가, 월경 주기에 따라서도 변해. 보통 생리를 하기 며칠 전에는 젖꼭지가 붓고 아파. 자신을 더 잘 알게 되면, 네 평소 상태가 어떤지 알 수 있을 거야.

나에게서 너에게로…… 👍

한쪽 가슴이 다른 쪽보다 더 커서, 엄청 이상해요! 남자 친구가 눈치채면 어쩌죠? I.P., 14

놀라거나 걱정하지 마. 완전 **정상**이니까! 한쪽 가슴이 더 빨리 자라는 여자들이 많은데, 곧 양쪽의 균형이 맞을 거야. 어쨌든, 몸의 좌우대칭이 완벽히 맞는 경우는 거의 없다는 것을 명심해. 가령, 남자애들은 한쪽 고환이 다른 쪽 고환보다 더 커. **추시타**

처녀성

여성의 순결…… 정말 엄청난 주제지! 주변에서 주워들은 이상한 말에 끌려다니지 마. 네 처녀성이 얼마나 중요한지는 너와 네 생각에 따라 결정돼. 과거에는 처녀성을 소중히 간직해야 할 무엇으로 취급했지만, 요즘에는 정반대인 듯해. 꼭 누가 먼저 첫 경험을 할지 경쟁하는 것 같다니까. 그러니까 잘 생각해봐! 이 두 가지 관점 가운데 어느 한쪽 관점이 완벽히 옳다고 할 수는 없거든.

관계의 일부분으로서의 섹스만이 **성적인 경험**을 할 수 있는 유일한 방법은 아니야. 너는 원하는 방식으로 경험을 할 수 있어. 아직 준비가 덜 된 듯한 기분이 들거나, 그러고 싶지 않다면, 관계를 맺을 필요는 없어. 그냥 좋아하는 사람과 키스를 하거나 껴안을 수도 있고, 그냥 자위해도 돼…… 괜히 성 경험을 하려고 서두르려고 애쓸 필요 없어. **연애 감정은 각자의 인생 속도에 맞춰 생기니까.** 그래서 그 시기는 조금 늦을 수도 있고 이를 수도 있어. 너는 앞날이 구만리처럼 길게 남아 있는 사람이야. 네 인생 속도에 맞추어 경험해.

처녀막

처녀성과 연관된 신체 부위가 하나 있다면, 그건 처녀막(질 막)이야. 그렇지만 처녀막을 누군가에게 주는 선물이라고 생각할 필요는 없어. **처녀막은 그저 몸의 한 부분일 뿐이야.**

처녀막은 질을 부분적으로 덮고 있는 얇은 막이야. 처녀막은 대개 처음으로 삽입 섹스를 할 때, 출혈이 약간 나면서 찢어지지만, 다 그런 건 아니야. 자기도 모르는 사이에 처녀막이 찢어지는 경우도 많아.

자위행위를 하거나, 탐폰을 쓰거나, 운동하면서 처녀막이 찢어지는 경우는 흔치 않지만, 분명 그런 경우가 있어. 그리고 첫 경험을 하면서 처녀막이 찢어지지 않고 며칠 뒤에야 출혈이 시작되는 때도 있어. **아무 걱정할 필요 없어.** 다시 말하지만, 처녀막은 몸의 일부일 뿐이고, 성생활이 시작되면 금세 잊게 될 테니까.

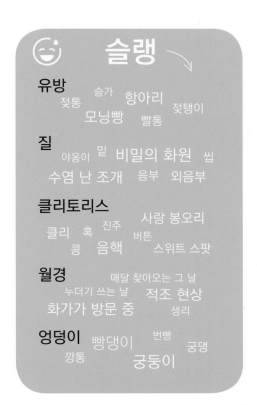

슬랭

유방
젖통　슴가　항아리　젖탱이
모닝빵　빨통

질
야옹이　밑　비밀의 화원　씹
수염 난 조개　음부　외음부

클리토리스
사랑 봉오리
클리　혹　진주　버튼
콩　음핵　스위트 스팟

월경
매달 찾아오는 그 날
누더기 쓰는 날　적조 현상
화가가 방문 중　생리

엉덩이
빵댕이　번빵　궁댕
깡통　궁둥이

남자의 몸 ♂

너는 예기치 않게 **갑자기 음경이 커지는 경험**을 할 거야. 그리고 그 순간, 음경이 더는 단순히 소변볼 때만 쓰는 기관이 아니게 돼…… 그때부터 음경이 저 스스로 살아 있는 것 같이 느껴질 거야! 호르몬이 날뛰기 시작하면서, 야한 이미지를 보는 순간 **성욕이 들끓게** 되고, 그러면 가장 은밀한 곳에 예상치 못한 감각이 휘몰아치는 경험을 할 거야. 완전 통제 불능이라고 할 수 있지!

잠에서 깼는데 침대보와 잠옷이 젖어 있다고, 고민하지 마. 사춘기가 시작되면서 **몽정**을 하는 건 지극히 자연스러운 일이야. 이제 네 몸은 끊임없이 정자를 생산하는데, 그 정자는 결국에는 몸 밖으로 배출되어야 하거든. 넌 다 자랐어. 그렇지만 조심해! 이제부터는 아기를 만들 수 있다는 말이니까. **꿀꺽, 하고 침이 넘어가지?** 그러니 반드시 예방 조치를 취해야 해.

변화는 이게 다가 아니야. 대략 18세가 될 때까지, 고환은 음경과 마찬가지로 계속해서 자라나. 또 턱수염과 콧수염도 자랄 거고, 목소리도 변할 거고, 근육도 더 단단해질 거야.

이제 네 몸을 판단하지 않으면서, 너 자신을 조사하고 네 성기와 친해질 시간이야. 고환은 한쪽이 다른 쪽보다 클 수도 있고, 아래쪽으로 쳐질 수도 있고, 늘어진 것처럼 보일 수도 있어. **모조리 다 정상이야.** 네가 자라면서, 모든 게 균형을 이루고 제자리로 돌아갈 거야.

음경은 계속해서 축 늘어져 있지 않고 하루에 몇 번씩 **발기하게 될 거야.** 발기는 자연적으로 일어나기도 하고(특히 잠에서 깼을 때 발기해 있는 경우가 많아), 스스로 성기를 자극해서 의도적으로 발기하게 할 수도 있어. 포피를 귀두에서 벗겨 보면, 희끄무레한 분비물이 있을 수도 있어. 이 분비물을 "스

나에게서 너에게로…… 👍

저는 음경이 큰 편이 아니에요. 발기했을 때도 마찬가지고요. 많이 쓰는 게 성장에 도움이 된다는 얘길 들었어요. 사실인가요? **J. J., 15**

아니야! 음경을 운동으로 키울 순 없어. 음경은 근육이 아니니까. 그렇지만, 성인 크기로 자랄 때까지, 음경은 향후 몇 년에 걸쳐 계속 자랄 수 있어. **추시타**

메그마"나 "치구"라고 부르는데, 물로 씻어 제거해야 해.

어떨 때는 자신의 성기를 타인의 성기와 비교하고 싶은 마음을 주체할 수 없을 거야. 탈의실이나 샤워실이나 화장실 같은 곳에서 말이야. 그렇지만 그 일에 **너무 빠지지는 마!** 중요한 것은 네 몸에 관해 알고, 스스럼없이 받아들이는 거야.

전혀 예상하지 못한 순간에 성적 흥분이 일어날 수 있어. 너는 이럴 때 성기를 비벼본 경험이 있을 거야. 여태까지 성기를 어떻게 해본 경험이 없었다면, 지금이 적기야. **건강하고 자연스러운 자위**할 준비를 말이야. 이 책에는 심지어 자위만 다루는 장도 있으니 참고 바람.

자기 몸 탐험하기

음경 간: 음경의 몸통에 해당하는 가장 긴 부분으로, 발기 시 단단해지고, 팽창해.

포피: 귀두를 덮은 피부로, 포경 수술 시 제거하는 부분이야. 포피와 귀두는 음경 소대라는 인대로 이어져 있어. 음경 소대는 발기 시 뒤쪽으로 움직여.

귀두: 음경 꼭대기에 있는 가장 민감한 부분이야. 흥분하면, 포피 밖으로 모습이 드러나고 더 민감해져.

요도구: 소변과 정액이 나오는 구멍이야. 발기했을 때는 더 넓어져.

고환과 음낭: 고환은 정자를 생산하는 기관으로, 음낭 안에 들어 있어. 고환은 자극을 받으면 크기가 커지면서 위쪽으로 올라가. 이 고환을 둘러싼 얇은 주머니가 바로 음낭이야. 음낭은 촉감에 민감한 조직이야.

회음부: 고환과 항문 사이에 있는 부분이야. 예민한 부위인데, 만지면 편안한 기분이 들어. 회음부 안쪽에는 전립선이 있는데, 어떤 사람은 이 전립선을 남성의 지스팟이라고 불러.

항문: 역시 예민한 부위인데, 남자가 흥분하면 때때로 항문이 수축하기도 해. 항문을 자극하면 수축을 더 강하게 할 수도 있어.

정액: 정액은 고환에서 생산된 끈적거리는 액체로, 남자가 오르가슴을 느껴 사정할 때 요도를 통해 분출돼.

발기의 종류

남자가 흥분하면 혈액이 음경으로 몰리는데, 이때 크기와 굵기, 강직도가 증가해. **성적인 자극이 진짜든 상상이든**, 발기가 일어나는 건 자연스러운 반응이야. 그리고 몸에 대해 알면 알수록 발기를 더 잘 통제할 수 있게 돼. 발기는 몇 초만 지속하다가 강직도가 떨어지거나, 심지어 순식간에 풀려버릴 수도 있어. 혹은 아무런 자극을 받지 않아도 최대 30분가량 유지될 수 있고.

남자의 발기는 때마다 달라. 그래서 전형적인 발기의 모습이란 건 없어. 음경은 위쪽을 향해 발기할 수도, 아래쪽을 향해 발기할 수도, 정면을 향해 발기할 수도 있어. 혹은 얼마나 흥분했느냐에 따라 **발기하는 방향이 달라질 수 있고.**

남자는 시시때때로 발기하는데, 특히 사춘기에는 자주 발기해. 그게 **자발적인 발기든 비자발적인 발기든** 간에. 친밀한 사람과 함께 있을 때 발기하는 건 별문제가 아니고, 집에 혼자 있을 때는 성적인 흥분을 즐기면 그만이야.

문제는 부적절한 순간이나 공공장소에 있을 때 발기하는 경우야. 당연히 발기를 가라앉히거나 숨기고 싶겠지만, 부끄러워할 필요는 없어. **발기했다고 당황하지 마.** 남자라면 언제라도 일어날 수 있는 일이야. 깊게 심호흡하면서 싫어하는 것이나 불편한 상황, 혹은 널 진정시켜주는 무언가를 떠올려 봐. 이런 경험은 네 몸을 알아가는 과정이야.

자신의 몸에 대해 알아가면서, 흥분을 더 고조하는 방법도 배우고, 적절하지 않은 순간에 흥분을 가라앉히는 방법도 알게 될 거야.

만약 발기하고 싶은데 발기가 되지 않을 때는 침착하게 대응해야 해. 유머 감각을 발휘하면 더 좋고. 지금 발기가 안 되더라도 나중엔 될 거야. 이런 일은 십중팔구 잘해야 한다는 부담감 때문에 생긴 멘탈 블록(mental block, 스스로 만든 정신적 장벽–옮긴 이)이 원인이야. 긴장을 풀고, 마음을 편히 먹으면, 발기하는 데 아무런 문제가 없을 거야. 계속 걱정이 든다면, 망설이지 말고 의사나 전문가에게 상담을 받아봐.

크기의 문제

남자가 하는 음경에 대한 걱정이 딱 하나 있다면, 그건 바로 크기에 관한 걱정이야. 다들 진정하라고! 음경은 다 다르고, 최고의 음경이 뭔지 알려주는 안내서 따위는 존재하지 않으니까. 그리고 쓰는 법만 알면 음경은 모두 완벽하니까. 누군가를 성적으로 즐겁게 할 때, 크기는 중요하지 않아. 실제로는 성기가 너무 크면 오히려 파트너가 괴로울 수 있어.

음경의 크기는 일반적으로 평상시 7.5cm에서 10cm 정도고, 평균은 9cm 정도야. 발기 시에는 12.5cm에서 17.5cm 정도고, 평균은 14cm 정도야. 물론 너는 30cm짜리 대물을 봤다는 고대로부터 끈덕지게 전해오는 소문을 들어봤겠지만……

그건 사실이 아니야!

음경을 넘어서

남자의 성기는 음경과 고환이 다가 아니야. 회음부를 잊으면 안 돼. 회음부는 고환과 항문 사이에 있는 부위인데, 쑥스러워하지 말고 만져도 보고 자극도 줘봐. 굉장한 쾌감을 느낄 거야.

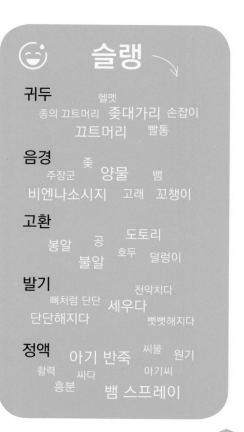

슬랭

귀두
헬멧
종의 끄트머리   좆대가리 손잡이
끄트머리   빨통

음경
좆
주장군   양물   뱀
비엔나소시지   고래   꼬챙이

고환
도토리
봉알   공   호두   덜렁이
불알

발기
천막치다
뼈처럼 단단   세우다
단단해지다   뻣뻣해지다

정액
씨물   원기
아기 반죽
활력   싸다   아기씨
흥분   뱀 스프레이

쾌감 ☺

성적으로 흥분한 상태에서 애무를 받으면 쾌감을 느끼게 돼. 성적 쾌감을 처음 느낄 때, 엄청나게 강렬할 거야. 쾌감은 기분을 좋게 해 주고, 자신에 대해 만족감과 기쁨을 느끼게 해줘. 쾌감을 주고받는 것은 **기술이자 예술**이라 할 수 있지!

성적 느낌은 사람마다 다 다르고, 쾌감은 그때그때 상황에 따라 달라. 쾌감과 오르가슴을 혼동해서는 안 돼. 둘은 같은 것이 아닐 뿐더러 항상 동시에 느끼는 것도 아니니까. 쾌감에는 여러 가지 단계와 강도가 있는데, 성적으로 더 강렬한 느낌을 받으려면 각 단계와 강도를 거쳐야만 해. 그래야만 최종적으로 절정에 달하고 오르가슴을 느낄 수 있어. 그리고 **경험이 쌓일수록 쾌감이 커진다**는 사실을 알아주길 바라.

쾌감을 느끼려면 스스로 즐기고, 실험해 보려는 마음가짐이 필요해…… 혼자서든, 누군가와 함께든! 너는 여러 방식으로 흥분할 수 있어. 심지어 꿈이나 생각만으로 그럴 수 있지. 그리고 몸이 어떤 반응을 보이느냐는 장소나 기분, 몸 상태 등등 여러 가지 요인에 좌우돼. 쾌감은 **엄밀히 말해서, 과학이 아니야**. 전에는 황홀하게 했던 것이 다음에는 아무렇지도 않을 수도 있어…… 그리고 정반대의 일이 일어날 수 있고!

에로틱 판타지

혼자서 할 수 있는 가장 흥미로운 성적 경험은 상상력을 이용하는 거야. 몸과 마음을 편안히 하고 야한 상상에 빠져드는 거지. 원하는 사람을 상대 역으로 골라 환상 속에 끌어들임으로써, 너는 너 자신의 에로틱한 경험을 만들어낼 수 있어. 그러면서 널 가장 흥분하게 만드는 성적인 게임이 뭔지 찾아봐 (이어지는 "자위" 장에서 이 이야기를 더 자세하게 다룰 거야).

둘이서 하는 게임

좋아하는 사람과 함께할 때는 새로운 단계의, 더 강렬한 쾌감을 발견할 가능성이 있어. 손을 잡고 키스를 하는 것부터, 서로를 만지고 사랑을 나누는 일까지, 너를 즐겁게 하고 굉장한 즐거움을 줄 순간이 끊임없이 이어져.

커플로서 지켜야 할 단 한 가지 규칙은, **둘 다 즐거워야 한다**는 거야. 아무런 강요도 하지 말고, 쾌감이 자연스럽게 찾아오게끔 해야 해.

나에게서 너에게로……

자위하면서 한 번도 오르가슴을 느낀 적이 없어요. 절정을 느끼기 전에 사정해 버리거든요. 저는 비정상인가요? **A. G., 14**

시간과 공을 들여봐

무엇이 큰 즐거움을 주는지 알아내려면, 자기 자신으로 실험을 해봐야 해. 자기 몸을 탐험하는 건 단순히 자기 몸이 어떤지 살펴보는 게 다가 아니야. 몸의 감각을 느껴보고, 더 강렬한 감각을 주는 곳을 찾고, 무엇이 기분 좋게 느껴지는지, 또 기분 나쁘게 느껴지는지 알아보는 것도 중요해…… 그리고 이 모든 일에는 **시간이 필요하지**.

영화, 텔레비전, 소설…… 우리가 살면서 매일 접하는 것들은, 섹스를 언제나 아주 황홀한 무엇처럼 묘사해. 섹스는 건강한 행위고, 분명 즐거운 행위지만…… **섹스를 미화하지는 마!** 모든 관계가 다 아름다운 것도 아니고, 또 사람들이 다 하고 싶어 하거나, 편안하게 받아들이는 것도 아냐.

즐거움은 천천히 걷는 길에서 찾을 수 있어. 즐거움을 찾는 여정 그 자체를 인내하고 감사히 여기는 자만이 누릴 수 있지. 하고 싶지 않은 일을 억지로 하지 마. 모든 것에는 **선이 있어!** 그것이 네 몸이든, 파트너의 몸이든. 지금이 때가 아니라고 한다면…… 조만간 그때가 찾아올 거야!

그렇지 않아. 걱정하지 말고, 염려를 붙들어 매. 쾌감을 많이 경험하지 못한 남자애들 사이에서 흔한 일이야. 처음 할 때는 다 그래. 시간이 흐르면 조절할 수 있게 될 거야. **추시타**

오감을 전부 활용하기

오감을 전부 활용함으로써, 온갖 쾌감을 다 느낄 수 있어. 네게 도전해 볼 용기가 있을지 모르겠다?

시각: 바라는 사람을 생각하고, 그 사람에 관해 아는 부분을 더 깊이 탐구하고, 알지 못하는 부분을 찾아 나서는 것은 여러분이나 파트너를 기쁘게 하는 에로틱한 게임이야. 처음으로 유혹하는 눈길을 보낸 순간, 무한한 가능성의 세계가 열릴 거야!

청각: 서로 달콤한 말을 주고받고, 노닥거리고, 귓가에 야한 말을 건네는 것은…… 나아가 아무 말도 하지 않은 채 좋아하는 사람의 거친 숨소리를 듣는 것은, 엄청나게 섹시한 일이야! 거기에 음악까지 틀어져 있다면? 더 바랄 게 뭐겠어!

후각: 아마 너는 알지도 못하는 사이에 파트너의 체향에 취했을 거야. 페로몬에 이끌린 거지! 페로몬은 알아차리기 힘든 자연적인 향기를 내뿜는데, 이 향기는 타인을 매혹하는 성적인 신호를 보내. 그러니

청결에 신경 쓰고, 향수나 탈취제를 과용하지 않는 편이 좋아. 네 타고난 향이 묻히면 안 되니까.

촉감: 애무하거나 애무를 받는 것은 단순한 기술이 아니야. 이 손은 여기에 놓고 저 손은 저기에 놔야 한다는 식이 아니란 말씀. 처음에는 손가락 하나만 쓰는 데서 시작해서, 다음에는 손가락 두세 개를 쓰고, 다음, 손 전부를 쓰고, 양손을 모두 쓰는 식으로 나아가야 해. 혹은 털이 곤두서는 것을 느끼면서 쓰다듬고 마사지하는 식으로 해도 좋고. 이런 게임은 즐거움으로 가득 찬, 에로틱한 일이야.

미각: 입의 용도는 웃거나 말로 유혹하는 게 다가 아니야. 키스하면서 파트너를 맛보는 것은 기쁜 일이야. 꼭 해봐야만 하는 일이라고! 그렇지만, 몸에서 맛볼 수 있는 부분은 입술이 다가 아니지. 목도 좋고, 어깨도 좋고, 뭐 어때, 온몸 구석구석을 맛보라고!

 매사에는 때가 있는 법

섹스는 즐거워야 해. 신체적, 정신적 고통이나 불쾌함 때문에 섹스가 즐겁지 않다면, 시기를 뒤로 미루면서 때를 기다리는 게 최선의 방책이야.

♀🔥 여성의

오르가슴은 성적 쾌감의 절정으로, 네 몸이 어딘가 환상의 나라와 연결된 듯한 기분이 드는 순간이야. 그렇지만, **절정에 도달하기**가 쉽지 않아. 최고의 오르가슴은 금방 찾아오지 않아. 몸뿐만이 아니라 마음을 자극하는 과정이 차곡차곡 쌓여야 해.

첫 섹스나 자위에서 오르가슴을 느끼는 경우는 흔치 않아. 오르가슴을 느끼는 가장 좋은 방법은 자신에 관해 잘 아는 거야. 자기 몸의 어디가 가장 예민하고 크게 반응하는지 알고, **그곳을 어떻게 일깨우는지** 아는 거지.

성감대

여자의 성기에는 성감대가 **여러 곳** 있어! 하나는 클리토리스인데, 많은 여성은 순수하게 클리토리스 자극만으로 오르가슴에 도달해. 질 역시 쉽게 오르가슴에 도달할 수 있는 성감대 가운데 하나인데, 문지르거나 누르는 식으로 자극을 주면 돼. 지스팟을 중요 성감대로 언급하는 사람도 있는데, 성 과학자들에 따르면 지스팟은 질 앞 벽 5cm 지점에 있다고 해. 물론 모든 여자가 지스팟을 찾아 헤맬 필요는 없겠지만 말이야. 클리토리스나 질, 혹은 둘을 동시에 자극하면 오르가슴을 느낄 수 있어……

👆

오르가슴을 알아차리는 법

- 성기와 성기 주변이 부르르 떨리거나 수축하는 듯한 느낌을 받으면서 강렬한 쾌감을 느낀다.
- 심장 박동과 호흡이 가빠진다.
- 최대 1분까지 늘어날 수는 있지만, 오르가슴은 대개 6초에서 30초 동안 지속한다.

성교는 오르가슴에 도달하는 유일한 방법이 아니야. 자위나 전희를 통해서도 오르가슴에 도달할 수 있고, 심지어 어떨 때는 성적인 판타지를 떠올리거나, 섹스하는 도중에 다른 신체 부위를 자극받으면서 오르가슴을 느끼기도 해. 여자가 경험하는 오르가슴은 여자마다 **제각각**일뿐더러, 같은 여자라도 파트너나 상황에 따라서 다른 형태의 오르가슴을 느낄 수 있어.

그다지 쉽지 않은 일이지만, 또 처음 몇 번의 시도에서 성공할 확률이 낮기는 하지만, 두 번째…… 혹은 더 많은 오르가슴을 연달아 느끼는 것도 가능해! 이런 경험을 "멀티 오르가슴"이라고 하는데, 멀티 오르가슴은 신화가 아니야!

오르가슴

여자도 사정할까?

사람들은 여자는 오직 드라이 오르가슴(비사정 오르가슴)만 경험한다고 생각해. 하지만 꼭 그런 건 아니야. 우선 사람은 **누구나** 생식과 관련된 체액을 어느 정도 분비해. 즉 질이 젖어 있다는 말이지. 여기에 덧붙여, 어떤 여자들은 오르가슴을 느낄 때 오줌과는 다른 투명한 액체를 분출해. 만약 이런 일이 일어난다면, **부디 침착해!** 이게 바로 소위 여성 사정이고, 이건 네가 쾌감을 느끼는 하나의 방식이야.

만약 네가 자위하는 도중에 사정한다면, 다른 사람과 함께하면서 오르가슴을 느낄 때도 그럴 가능성이 커. **부끄러워할 필요 없어.** 오히려 정반대로 자랑할 만한 일이야. 한번 생각해봐. 여성 사정을 경험하고 싶어서 애쓰면서도, 단 한 번도 성공하지 못하는 여자들이 얼마나 많은 줄 알아? 살면서 단 한 번도 여성 사정을 경험하지 못했던 사람에게 어느 날 갑자기 이런 일이 일어날 수도 있어! 말했다시피, 오르가슴은 전부 다 달라!

팩트야, 픽션이야?

성행위는 매번 둘이 같이 절정을 맞이하며 끝나야 한다는 선입견이 있다 보니 여자들은 느끼지 않았으면서도 느낀 척을 하기도 해. 오롯이 파트너의 만족을 위해서 느낀 척

을 할 때도 있어. 그런데 어떤 여자들은 느낀 척을 함으로써, 자기 자신을 속이고 절정을 맞이하려고 시도하는데, 이런 식의 자극을 통해 오르가슴을 느낄 수 있다고 해. 어쨌든, 어떤 이유에서든 오르가슴을 느낀 척 연기할 필요는 없어. **그냥 너 자신이 되도록 해.** 그냥 느끼는 대로 행동하라고. 네가 절정을 느끼기 전에 파트너가 절정을 맞이한다면, 섹스를 거기서 끝낼 필요는 없어. 파트너에게 네가 절정을 느낄 때까지 함께 해달라고 해.

남성의

남성의 오르가슴에는 숨겨진 비밀 따위는 없이 다 까발려진 것처럼 보일지도 몰라. 정말 그럴까? 세상에 똑같은 남자는 없고, 남자의 오르가슴이 모두 눈에 보이는 것처럼 단순하지는 않아. 최선은 자신을 잘 아는 거야. 그러니 자신을 알아가는 과정을 즐기고, 시간을 충분히 들일 필요가 있어. 그렇게 하면 **더 즐거운** 오르가슴을 느낄 수 있을 거야.

남성 오르가슴은 보통 사정과 연결되어 있지만, 이 둘이 항상 동시에 일어나지 않아. 남자는 대부분 오르가슴을 느낄 때 사정을 하지만, **개인차가 있어.**

어떨 때는 사정을 하지 않고서도 절정을 경험할 수 있어. 그러면 몸으로 폭발적인 쾌감을 느끼게 되고, 그 순간이 지나가면 발기가 풀리게 돼. 꼭 신화처럼 들리겠지만, **사정 없는 남자의 오르가슴**은 네 생각보다 흔히 있는 일이야. 흔하지 않지만, 발기가 풀리지 않으면서 **오르가슴을 여러 번 겪을 수도 있어.**

초조하거나 스트레스를 받은 상태라면, 절정에 도달하기 바로 전이나, 오르가슴을 느끼기 직전에 사정할 수도 있는데, 이러면 기대한 만큼의 쾌감을 못 느낄 수 있어. 이런 일이 생긴다면, 마음을 편하게 먹고, 부디 **좌절하지 마!** 이 문제를 치료하는 가장 좋은 방법은 연습과 경험이야. 그리고 사정한 다음에도 행위를 계속하고 싶다면, 몸의 다른 곳을 자극해서 다시금 흥분을 느껴 봐. 다시 한번 절정을 맞이하는 데 도움이 될 거야.

다른 성감대

남자의 몸에서 쾌감을 느끼는 부분이 음경이 다가 아니야. 동시에 고환을 어루만지면 훨씬 강력한 오르가슴을 느낄 수 있어. 그리고 여기서 **더 나아갈 수 있다고!**

남성의 지스팟이라고도 불리는 전립선은 남자의 가장 예민한 성감대이자, 알려진 바가 가장 적은 성감대야. 전립선은 전립선액을 분비하는 기관인데, 항문 아래쪽에 있어. 전립선은 **극도로 예민해!** 전립선은 회음부와 항문 사이를 마사지함으로써 바깥쪽에서 자극할 수도 있고, 손가락을 이용해서 안쪽에서 자극할 수도 있어…… 이건 절대 금기 사항이 아니야!

> ⊙ 사정을 하면 정자가 약 1,000만에서 1,500만 마리가량 배출돼. 정자는 대략 시속 45km 속도로 15cm에서 20cm가량 움직여!

오르가슴

사정 늦추기

연습을 통해 사정을 지연시키는 법을 배울 수 있어. 그러면 더 짜릿한 오르가슴을 느낄 수 있지. 사정을 늦추려면, **절정에 이르기 시작하는 순간을 알아차려야 해.** 근육이 수축하거나, 호흡이나 심장 박동이 빨라지는 감각은 오르가슴의 사전 징후야.

리듬을 늦추거나, 체위를 바꾸거나, 심호흡하거나, 무언가 널 진정하게 하는 생각을 하면, 발기를 유지한 상태로 **더 지속**하는 데 도움이 돼. 정액이 배출되는 순간, 음경은 경직성을 잃어버려. 발기가 풀린 다음에 다시 발기할 때까지 걸리는 시간은 5분에서 몇 시간까지로 다양한데, 이건 남자마다 다 다르고 상황에 따라서도 달라. 그렇지만 연습을 통해 다시 발기할 때까지 걸리는 시간을 줄일 수 있어.

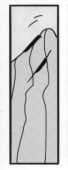

성 정체성
성적 끌림과 젠더

이 장을 읽기 전에 남성성이나 여성성에 관해 **네가 가진 편견을 모조리 쓰레기통에 갖다 버리라고** 권하고 싶어.

성 정체성은 개인적인 문제야. 성 정체성이 외부 요인에 좌우된다는 생각은 성 정체성을 이해하는 데 별 도움이 안 돼. 성 정체성은 십중팔구 성별과 일치하지만, 그렇지 않을 때도 있어. 어떤 사람은 남자의 몸인데 여자로 느끼고, 어떤 사람은 여자의 몸인데 자신을 남자로 느껴.

성 지향성
또 우리에게는 **성 지향성**이 있어. 성 지향성은 어떤 사람에게 육체적으로 끌리냐에 따라 드러나. 파트너의 성별이 자신과 같든 다르든 간에. 성 지향성을 선택할 수는 없어, 타고나는 거니까. 자신의 느낌을 부정하는 건 엄청나게 힘든 일이야. 그럴 필요가 없는 일이기도 하고. 자연스럽게 떠오르는 생각과 판타지에 귀를 기울임으로써, 자신의 성적 성향을 인지할 수 있어.

자신과 성별이 다른 사람에게 끌리는 사람을 헤테로섹슈얼(Heterosexual, 이성애자), 혹은 스트레이트라고 불러. 성별이 같은 사람에게 끌리는 사람을 호모섹슈얼(Homosexual, 동성애자) 혹은 게이(Gay, 남녀 모두)나 레즈비언(Lesbian, 여성)이라고 불러. 양쪽 성별에 모두 끌리는 사람을 바이섹슈얼(Bisexual, 양성애자)나 팬섹슈얼(Pansexual, 범성애자)이라고 불려.

그리고 44~45페이지에서 볼 수 있지만, 성 지향성을 나타내는 **꼬리표**는 이보다 훨씬 많아. 그러니 이런 꼬리표에 얽매일 필요는 없어. **시간을 충분히 들여.** 타인의 기대에 맞추기 위해서 자신에게 특정한 역할을 강요하거나, 다르게 행동할 필요는 없어. 너 자신을 정의할 수 있는 최고의 자격을 갖춘 사람은 다름 아닌 바로 너니까.

> 👉 주목!
> **LGBTQI**는 "레즈비언, 게이, 바이섹슈얼, 트랜스젠더(Transgender), 퀴어(Queer), 인터섹스(Intersex)"를 나타내는 말이야. 짧게 줄여서 LGBT라고만 쓰거나, 아예 다른 게 표기하기도 해.

신화와 오해 ✌️

추시타가 바로잡아 주겠어.

"동성애는 질병이다."
그렇지 않아! 21세기에도 이런 헛소리를 지껄이는 놈들이 있다면 정신적으로 문제가 좀 있는 사람이야. 동성애는 성 지향성의 하나일 뿐이고 건강과는 아무 상관이 없어.

"여성적인 남자는 게이고, 남성적인 여자는 레즈비언이다."
하, 또 시작이군. 둘 다 거짓이야. 외모나 취향, 취미는 사람의 성 지향성과 아무 상관이 없어. 누군가의 성 지향성을 결정하는 유일한 요소는 바로 누구에게 끌리느냐지. 그리고 이건 그 사람의 젠더와는 별개야.

"어린 시절에 성별이 같은 애들과 장난삼아 뽀뽀를 한 사람은 게이다."
거짓. 애들은 다들 친구와 뽀뽀를 해. 애들은 젠더 따위는 신경 쓰지 않아. 그냥 해 본다고. 성 지향성과는 무관해!

"여성적인 남자만 잘 운다."
뭣이 어째? 잠깐만, 생각 좀 해보자…… 그러니까 여자들만 울 수 있다는 얘기야? 울음은 누구에게나 꼭 필요해. 남들보다 잘 우는 사람도 있고. 젠더는 눈물과 아무런 상관이 없다고!

"레즈비언은 이상한 사람이고, 남자를 증오한다."
절대 아냐! 이건 또 하나의, 웃기지도 않은 편견이야. 게이 여성은 스트레이트 여성보다 더 이상하거나 덜 이상하지 않아. 성 지향성은 젠더에 따라 사람을 좋아하거나 싫어하지 않아.

"사람들에게 사랑을 받으려면 멋진 외모가 있어야 한다."
지금 농담하는 거지? 틀렸거든! 만약 사람들이 전부 슈퍼모델에게만 끌린다면, 남은 우리는 지금 대체 어떻게 살 건데?

사춘기 동안, 다양한 관계를 경험해 보는 것은 정상이야. 경험을 통해 배우는 거지!

BY 추시타

끌림과 감정

사람들이 전부 일정한 타입의 사람에게 끌리는 건 아니야…… 참 다행스러운 일이지! 우리의 감각은 전부 끌리는 감정과 연관이 있어. 그러니 **감각에 귀를 기울여야만 해!**

누군가에게 끌리는 순간, **세상은 완전히 뒤바뀌기 마련이야!** 그 사람과 가까워지고 싶고, 만지고 싶고, 그 사람이 만져줬으면 하고 바라지. 그 사람과 키스하고 싶고, 키스 받고 싶고…… 마치 자석처럼 몸과 마음을 끌어당길 거야. 그렇지만, 끌림이 항상 사랑으로 발전하지 않아. 특히 10대 때는 더 그래! 끌리는 마음은 전혀 예상하지 못한 순간에 나타나 널 들이받아 버릴 수 있어. 중요한 것은, **네가 좋아하는 걸 찾아내고, 그것을 받아들이는 거야.**

마음을 열어!

다른 사람에게 낭만적으로, 육체적으로 끌리는 것은 네 성 지향성이 무엇인지 밝히는 데 도움이 될 거야. 물론 성 지향성은 시간이 흐르면서 바뀔 수도 있어. 부디 너 자신을 있는 그대로 받아들이고, 다른 사람의 선택도 존중해 줘.

흥미로운 사실들 😮

음악에서: 오스트리아 가수 콘치타 부르스트는 유로비전 송 콘테스트에 참가하고, 우승한 최초의 수염 난 여자야. 이 과정에서 콘치타는 젠더에 관한 편견을 완전히 박살 내 버렸어.

언론에서: 카라 델레바인과 릴리 로즈 뎁은 수많은 연예인 가운데 자신들이 100% 이성애자 같지는 않다고 밝힌, 단 둘뿐인 연예인이야.

극장에서: 컬트 코미디 영화 〈프리실라, 사막의 여왕〉은 90년대에 주류 관객들 사이에서 큰 인기를 끌었어. 이제는 뮤지컬로도 성공해서 전 세계의 극장에서 매진 행렬을 이어갈 정도야.

영화에서: 〈가장 따뜻한 색, 블루〉는 다른 여자애에게 빠진 10대 여자애가 성적으로 눈을 떠가는 과정을 담은 영화야. 이제는 전 세계의 10대가 즐기는 컬트 영화가 되었어.

동물의 왕국에서: 동성애는 인간의 전유물이 아니야. 곤충부터 포유류까지, 1,500개가 넘는 종에서 동성애 행위가 발견되었어.

⚠️ **주목!**

성 지향성 때문에 배척당하고 있다면, 널 도와줄 사람을 찾아봐. LGBTQ+ 단체는 두 팔을 벌리고 널 기다리고 있어. 그리고 동성애자에 대한 혐오나 차별을 겪고 있거나, 자신의 성 정체성 때문에 학대를 당하고 있다면, 지금 당장 **신고해.**

스트레이트

스트레이트는 **성별이 다른 사람**에게 끌리는 사람이야. 사회에서 가장 흔한 성적 취향을 지닌 사람이지. 사람들은 너무도 당연하다는 듯이 다른 사람을 스트레이트로 여겨. 그렇지만 자신이 이성애자가 맞는지 고민하는 사람도 많아. 겁먹지 말고, 자기 자신에게 귀를 기울여봐. 누구나 자신의 성적 지향성에 관한 의문이 들 때가 있어.

네가 성적으로 성숙하면, 여러 가지 이유로 흥미를 끄는 남자나 여자가 생길 수 있어. 그렇지만 이런 건 별 의미가 없어. 성 지향성을 결정할 때 말이야. 성 지향성은 다른 이와 맺은 진정한 관계가 결정해.

만약 네가 여자를 좋아하는 남자라면, 좋아하는 여자를 보고 싶어 미칠 것 같을 거야. 만약 네가 남자를 좋아하는 여자라면, 좋아하는 남자에 관한 상상에 빠지는 게 당연해.

> ☝ **명심해!**
> 헤테로(Hetero)라는 접두사는 "다름"을 뜻해. 성적인 맥락에서는 상호 간에 종족 번식이 가능한 서로 다른 성별을 뜻하지. 그렇지만, 헤테로라는 말은 "정상"이라는 뜻이 아니야. 헤테로섹슈얼은 성 지향성의 하나일 뿐이야.

남녀 관계에서 **구태 연연한 성 역할에** 빠질 필요는 없어.

어떤 젠더도 다른 젠더보다 더 강하거나 약하지 않아. 너희는 그저 시시각각 변하는, 서로 다른 강점과 약점을 가진 두 사람일 뿐이야.

자신과 다른 몸

너는 다른 성별에 끌려. 네가 익숙지 않은 몸에, 그러니까 **너와는 다른 몸**에 매력을 느껴. 그래, 그래. 우리는 학교에서 인체 해부학을 배우지만, 그런다고 우리가 전문가가 된 건 아니야! 누군가를 좋아하는 순간, 너는 감정이 어떻게 변하는지, 네가 어떻게 흥분하는지 알아차릴 수 있어. 그렇지만, 성별이 다른 사람은 감정은 어떻게 변할까? 그리고 어떤 식으로 흥분할까? 나는 여성 독자들이 여자의 몸에 관한 장을 읽었을 것이며, 남성 독자들이 남자의 몸에 관한 장을 읽었을 거라고 확신해. 그러니 이제 다른 성에 관한 장을 읽기만 하면 되네!

우리는 모두 같은 사람이야!

세상에는 자기 시간을 즐기는 로맨틱한 사람도 있고, 어떤 일이든 할 준비가 되어 있는 열정지기도 있어. 어떤 경우에도, 관계는 항상 제가 스트레이트라고 생각했어요.
저는 남자를 좋아하고, 남자 친구도 있거든요.
그런데 어느 날 여자랑 섹스하는 꿈을 꿨어요……
그런데 그게…… 좋았어요! 이 꿈이 저를
레즈비언으로 만들까요? **E. G., 15**

전혀 아니야! 꿈은 그저 꿈 몽일 뿐이야. 꿈은 사람의 성적 취향에 관해서 아무것도 알려주지 않아. 살다 보면 누구에게나 그런 일이 생길 수 있어. 스트레이트 한 사람도 성별이 같은 사람과 섹스하는 꿈을 꾸고, 게이인 사람도 성별이 다른 사람과 섹스하는 꿈을 꾸어. 이런 꿈은 아무런 의미가 없어. **추시타**

모두 리듬과 페이스가 제각각이야. 그리고 종류가 다른 몸을 가진 사람들이 얽힐 때…… 차이점은 이게 다가 아니야! 중요한 것은 각자의 필요와 욕망에 관해 소통하고, **서로를 존중하는 자세로** 대하는 거야.

흔히 하는 생각과 고정관념

여자는 섹시할 필요도, 여성적으로 행동할 필요가 없어. **남자**는 근육질이 될 필요도, 상남자로 행동할 필요도 없어. 사람은 각자 자신이 원하는 모습의 사람이 될 수 있고, 각자에게 가장 편안한 방식으로 행동할 수 있어. 이런 식으로, 사람의 매력은 자연스럽게 자라나.

사람들은 여자가 더 세심한 편이고, 길고 안정적인 관계를 원한다고 단정 지어. 남자는 이와 대조적으로 가벼운 편이라, 가능한 한 섹스를 최대한 많이 하려 든다고 해. 그렇지만 모든 일이 그렇듯이, 항상 그런 것은 아니야. 성적으로 성숙해지면서 남자와 여자는 **섹스와 애정**을 둘 다 추구해. 얼마나 친밀한 관계냐에 따라, 섹스에 더 끌릴 때도 있고, 애정에 더 끌릴 때도 있어.

여자는 남자가 **먼저 행동**할 때까지 기다려야 한다는 오래된 관념은 정말 진부하기 짝이 없는 생각이야! 당연히 여자도 먼저 행동할 수 있어. 데이트를 신청할 수도 있고, 더 성적인 일을 요구할 수 있지. 물론 항상 **다른 사람을 존중**하는 태도로 행동해야겠지만 말이야.

이 말은 남에게 공격적으로 다가가거나, 타인의 사적 영역을 함부로 침범해선 안 된다는 뜻이야. 네 젠더가 어떻든, 가장 좋은 접근법은 먼저 서로에 대한 온도를 확인하는 거야. 차라리 관심이 있는지 대놓고 물어보는 편이 나아. 기습적으로 덮치듯이 키스하는 것보다는 말이야.

게이

게이는 **성별이 같은 사람**에게 끌리는 사람이야. 처음에는 자기 자신의 감정이 겁날지도 모르지만, 걱정할 필요 없어. 레즈비언이나 게이는 성 지향성의 하나일 뿐이고, 스트레이트와 마찬가지로 자연스러운 거야. 게이여도 괜찮아. 때때로 어떤 친구에게서 게이에 관한 농담을 들을 수도 있겠지만, 자신이 게이임을 숨기거나 부끄러워할 필요는 없어. **너 자신이 되도록 해.** 게이인 사람은 전 세계 곳곳에 있어. 당연히 그럴 수밖에. 게이는 완벽하게 정상이니까.

과거에는 게이라는 사실이 알려진 10대들이 많은 어려움과 차별을 겪었지만, 요즘 사람들은 훨씬 관용적이야. **사람들이 하는 말 따위에 신경 쓸 필요 없어.** 네 행복이 무엇보다 중요해. 자신의 감정을 숨기려 들지 마. 자신을 속이면 불행해져.

넌 혼자가 아니야!

너는 다른 누구 앞에서도 자기 자신이 아닌 척 연기하거나, 성 지향성을 부정할 필요가 없어. 오히려 그 사실을 공유하는 편이 나아. 가까운 사람에겐 더더욱 그래. 친구나 가족, 선생님들은 **널 지지해 주고**, 도움을 줄 가능성이 크니까.

고대 그리스의 시인 사포는 레즈비언 로맨스물을 썼어. 사포는 레스보스섬에 살았는데, "레즈비언"이란 말은 바로 여기서 나왔지.

틀을 깨뜨리기

게이 남녀는 어떻게 보여야 한다든가, 어떻게 행동해야 한다든가 하는 기준 따위는 없어. 게이 남자라고 여성적으로 행동할 필요가 없고, 게이 여자라고 남성성을 과장할 필요가 없어. **게이인 사람은 모두 각양각색이야.** 외모만 보고 누군가 게이인지 아닌지 알아낼 방법은 없어.

또 게이 커플 사이에서 남자 역할과 여자 역할을 재현할 필요는 없어. 우리 사회와 미디어가 매일 쏟아내고 강요하는 남녀 역할 구분에 신경 쓸 필요 없다는 이야기야. 둘 중 한 사람이 남자 역을 맡고 다른 사람이 여자 역을 맡아야 한다는 생각 따윈 필요 없어.

우리는 모두 똑같은 사람일 뿐이야.

절차를 지켜!

성별이 같은 사람에게 매력을 느낄 때, 그 사람이 그러한 관계에 열려 있는지 처음부터 알기 힘들어. 의문이 꼬리에 꼬리를 물고 이어질 거고, 살금살금 알아내야 할지, 대놓고 물어봐야 할지 알 수 없을 거야!

확실치 않다는 생각이 든다면, 이렇게 하라고 권하고 싶어. 해서 나쁠 게 없는 방법이니까!

다음 단계로 넘어가기 전에……

- 그 사람이 LGBT 문화에 거부감이 없는지 알아봐.
- 그 사람이 너와 신체적으로 접촉했을 때 좋아했는지 알아봐.
- 함께 있을 때 그 사람이 편안한 기분을 느끼게끔, 그 사람이 불편한 건 없는지 물어봐.
- 조급해하거나, 그 사람을 압박하지 마.
- 어떤 식으로든 그 사람에게 네 성 지향성에 관해 알리고, 네가 그 사람에게 끌린다는 사실을 알려봐.
- 그 사람이 응하지 않더라도, 강요하지 마. 그 사람이 폭력을 행사할 수 있을 뿐더러, 강요하다가 상처받을 사람은 너야.
- 만약 그 사람이 네 입술을 바라본다면…… 아마도 네게 키스하고 싶어서 그런 걸 거야!

☺ 꼬리표

성적 취향은 스트레이트와 게이 너머로도 끝없이 이어져. 자신의 성적 취향을 확신하지 못하겠더라도, 걱정할 필요 없어. 굳이 서둘러서 자신에게 꼬리표를 떼다 붙일 이유는 없잖아. 남들이 강요하는 규칙은 따르지 않는 편이 나아. 고정관념과 편견에서 벗어나야 해. 그리고 그 무엇보다도 **너 자신에게 진실해야 해.** 네 감정과 욕망에 귀를 기울이고, 너 자신을 알고, 너 자신을 받아들이고, 네 취향을 따르면서 부디 행복하게 살길 바라.

바이섹슈얼과 팬섹슈얼

남자와 여자 둘 다에 끌리는 사람을 "바이섹슈얼(범성애자, 이하 바이)"이라고 불러. 바이는 대부분 여러 단계를 점진적으로 겪으면서 자신이 바이섹슈얼이라는 사실을 깨닫게 돼. 가령, 처음에는 자신이 스트레이트나 게이라고 생각하다가, 시간이 지나면서 자신이 특정 성별에만 끌리는 것이 아니라는 사실을 자각하는 식이야.

게다가 요즘에는 자신을 팬섹슈얼(범성애자)이라고 생각하는 사람도 있어. 범성애는 양성애보다 더 넓은 개념으로, 그 사람이 여자나 남자라서 좋아하는 것이 아니라, 그 사람이기 때문에 좋은 거야.

트랜스섹슈얼과 트랜스젠더

생물학적 성별과 **젠더 정체성**은 별개야. 어떤 사람은 자신의 몸이 자신에게 알맞지 않다고 느껴. 트랜스섹슈얼라고 하지. 이 사람들은 원하는 경우 성전환 수술을 받아 성전환자(Transsexed Individual)가 될 수 있어. 트랜스젠더 역시 생물학적 성별과 젠더 정체성이 반대인 사람이지만, 자기 몸을 자연스럽게 받아들인다는 점에서 트랜스섹슈얼과는 달라. 그래서 이들은 성전환 수술을 받고 싶어 하지 않아. 어쨌든, 트랜스섹슈얼이나 트랜스젠더의 성 지향성은 사람마다 달라. 이성에게 끌릴 수도 있고, 동성에게 끌릴 수도 있지.

너머로

앤드로지너스와 젠더 플루이드

어떤 사람은 자신을 남성이나 여성으로 정의하는 대신에 **정체성을 결정짓지 않은 채로 남겨두는 편**을 선호해. 자신은 "남성과 여성의 중간 어딘가에 있는 성(앤드로지너스, Adnrogynous, 중성, 양성)"이라든가, "어떨 때는 남자였다가 어떨 때는 여자(젠더 플루이드, Gender Fluid)"라는 식으로 말이야. 명심해. 자신을 남과 여 혹은 그 어떤 성으로 정의해야 한다는 강박에 치일 필요는 없어.

에이섹슈얼과 데미섹슈얼

어떤 사람은 **섹스에 관심이 없어**. 이런 사람이 바로 에이섹슈얼(Asexual, 무성애자)이야. 에이섹슈얼이라고 데이트를 절대 안 한다는 말은 아니야. 왜냐하면 이 사람도 지적, 정서적 끌림을 느끼거든. 데미섹슈얼(Demisexual)은 어떤 사람과 강한 유대감이 형성되기 전까지 그 사람에게 성적 끌림을 느끼지 못하는 사람에게 붙는 꼬리표야.

야, 쟤 남자야?

여자 같은데.

이름도 크리스야. 이름으로 알 수가 없네……

여자라고 하던데…… 내 여동생은 쟤가 섹시하다네!

전에……
정식으로 사귀기

누군가에게 끌릴 때, **정식으로 교제하고 싶어** 하는 마음은 당연해. 둘이 서로 좋아 죽고, 함께 어울리고, 키스하고, 시시덕거리기를 바라지…… 그렇지만 첫 끌림이 교제로 이어지려면, 거쳐야 하는 단계가 많아. 그리고 연애가 다 장기 연애로 이어지는 것도 아니야.

교제를 시작했다면, 그 **관계에 이름표를 붙일 필요는 없어**. 둘이 정확히 어떤 사이인지 알기 어려운 경우가 많거든. 단순히 같이 노는 사이인지, 아니면 더 깊은 사이인지는 시간만이 말해줄 수 있어.

기대?

관계에 대한 기대를 너무 높게 설정하면 곤란해. 최고의 사랑은 결혼으로 이어진다는 얘기를 많이들 들어봤을 거야…… 그렇지만 **우린 아직 어려**. 지금 당장 결정하지 않아도 괜찮아. 또 섹스와 정식 교제를 혼동하면 안 돼. 얼마간 정식으로 사귀었다고 해서 꼭 섹스해야 하는 것도 아니고, 만난 지 얼마 안 된 사이라고 해서 꼭 거리를 둘 필요도 없어.

사랑의 유형

짝사랑: 어떤 사람이 누군가에게 빠져 있어. 그런데 상대방은? 그 사실을 전혀 눈치채지 못해! 짝사랑에 관한 전형적인 줄거리야.

플라토닉 러브: 둘이서 정말 잘 지내. 그런데 뭔가 없어. 육체적 끌림이라는 불꽃이 일지 않는다면, 어쩌면 아닐지도 몰라.

열정적 사랑: 서로에게 명백히 끌리고, 서로의 몸을 원해. 열정적 사랑을 한다고 해서 정서적 교감이 없다는 얘기는 아니야.

낭만적 사랑: 함께하기 위해서라면 둘은 무엇이든 할 수 있어. 그렇지만 로맨틱한 사랑에 너무 큰 환상을 품지 마!

헌신적 사랑: 끌림과 로맨스, 열정의 결과로 진정한 성행위가 이루어졌어. 함께하는 삶이 기다리고 있어!

식어버린 사랑: 뜨거웠던 화학 반응이 더는 일지 않고, 다른 사람에 대한 열망이 새로이 일어나…… 둘이 어떤 사랑을 했든, 이건 관계가 끝났음을 알리는 신호야.

신화와 오해 ✋

추시타가 바로잡아 주겠어.

"백마 탄 왕자님이 찾아올 때까지, 여자는 기다려야 한다."
지금 내가 하는 말 잘 들어. 백마 탄 왕자님 같은 건 없어. 어떤 여자애들은 나가서 "그 사람"을 찾는 대신 그냥 기다리는 선택을 해. 동화 속에서 일어나는 일이 현실에서도 일어나길 기대하면서 말이야…… 그러나 진실은 십중팔구 그 사람은 너희 집 벨을 누르지 않아!

"남자는 문란한 여자를 좋아한다."
항상 그렇지는 않아! 게다가, 성적으로 너무 대담한 여자는 위험하다고 생각하는 남자가 많아. 너무 거만한 남자는 위험하다고 생각하는 여자가 많은 것과 같은 이치지.

"파트너와 관계를 맺기 전에 최소한 여섯 달은 기다려야 한다."
정해진 룰은 없다니까! 여섯 달이 아니라 심지어 2년 넘게 뜸을 들이는 커플도 있어. 반대로, 서로에 관해 아는 게 거의 없는데 섹스하는 커플도 있고.

"파트너와 헤어지더라도, 친한 친구로 남을 수 있다."
신중하게 생각해! 제일 중요한 사실을 먼저 살피자고. 현실적으로 생각해봐. 서로 사귀던 사이인데, 한 사람이 헤어지기로 마음먹었다면, 다른 사람은 여전히 관계 회복을 원할지 몰라. 이럴 때는 시간을 조금 갖고 나서 친구로 남을지, 완전히 갈라설지 정하는 편이 낫겠지.

"과거가 복잡한 남자는 선수고, 과거가 복잡한 여자는 헤픈 여자다."
절대 아니야. 남자와 여자에게는 모두 어떤 사람과 사귈지, 그리고 어떤 관계를 추구할지 선택할 권리가 있어. 이건 때문에 누군가를 괜찮은 친구라고 인정하거나 비난해서는 안 돼!

"자신의 반쪽을 찾았을 때, 사람은 완성된 기분을 느낀다."
정말 그렇게 생각해? 사랑은 자기 반쪽을 찾는 것이라는 생각은 연인 관계를 망쳐놓는 또 하나의 편견일 뿐이야! 사람은 누구나 혼자서도 가능한 한도 안에서 완성된 기분을 느껴야만 해. 그래야만 좋아하는 사람에게 새로운 경험과 사랑을 나눠줄 수 있으니까. 자신을 완성할 수 있는 사람은 오직 자기 자신뿐이야.

교제와 섹스는 항상 동행하지는 않아.

BY 추시타

우리 무슨 사이야?

네겐 좋아하는 사람이 있는데, 그 사람도 네게 마음이 있는 듯해……
둘은 지금 어떤 사이일까? 테스트를 보고 하트가 몇 개인지 세어봐!

길을 가다 나와 마주친 그
사람은……
♥ 쑥스러워하고 어색해하면서
다른 곳을 쳐다본다.
♥♥ 얼굴이 밝아지며 미소를
짓는다.
♥♥♥ 윙크를 건네고 후다닥
다가온다.

그 사람은 휴대전화로……
♥ 내게 한 번도 전화한 적이
없고, 내 번호조차 모른다.
♥♥ 실제 용건이 있을 때,
이따금 메시지를 보낸다.
♥♥♥ 내게 맨날 메시지를 보내고,
전화를 걸면서 자기가
내게 얼마나 빠져 있는지
보여준다.

그 사람과 뭐를
마실 때는……
♥ 항상 다른 친구들과 함께.
♥♥ 친구들과 같이 만나긴
하지만, 자리 내내 둘이 같이
붙어 있다.
♥♥♥ 둘이서만 만나는데, 완전
껌딱지처럼 달라붙어 있다.

그 사람의 반 친구는……
♥ 나를 모른다.
♥♥ 나를 본체만체한다.
♥♥♥ 내게 인사를 건넨다.

내 스타일이 바뀌면,
그 사람은……
♥ 계속 쳐다는 보는데,
아무 말도 없다.
♥♥ 휘파람을 불거나 가볍게
놀린다.
♥♥♥ 언제 바꾸었냐고 묻고,
내 센스를 칭찬한다.

다른 사람이 내게 수작을 걸
면, 그 사람은……
♥ 신경을 하나도 안 쓴다.
♥♥ 곧장 다가와 그 귀찮은
녀석을 처리한다.
♥♥♥ 내 허리를 끌어당기며
키스한다.

마음이 울적해서 이야기할
사람이 필요할 때, 나는……
♥ 그 사람과 이야기하고
싶지만, 대신 친한 친구에게
전화를 건다.
♥♥ 그 사람에게 전화를 건다.
그렇지만 그 사람은 전화를
받지 않거나, 받더라도
도움을 주지 않는다.
♥♥♥ 그 사람에게 전화를 건다.
그 사람은 곧바로 전화를
받고, 나를 위로해 준다.

결과 ♡

(♥ 7개에서 10개 사이)
볼 것도 없네.
둘 사이가 연인 관계로 발전할
가망이 없어 보여! 이 사람을
잊어버리고, 다른 사람을 찾는
편이 좋겠어!

(♥ 11개에서 14개 사이)
**이건 함께하는 것도, 함께하지 않
는 것도 아니야.**
지금 둘 사이는 말이지…… 롤러
코스터가 출발하기를 기다리는
단계야. 양쪽 다 서로를 좋아할지
도 모르고, 여태까지 둘이서 몇
번 즐겁게 보냈을지도 모르지만,
관계는 아직 출발도 하지 않았어!

(♥ 15개에서 18개 사이)
불이 들어왔군.
둘은 엄청 좋은 관계고, 좋아하는
사이야. 둘은 관계를 더 진척시키
고 싶어 해. 어디 누가 먼저 스타
트를 끊을지 보자고!

(♥ 19개에서 21개 사이)
지금 공식 석상으로 나가 발표해!
서로에게 빠져도 아주 단단히
빠졌어. 대체 뭘 기다리고 있어?
지금 당장 정식으로 데이트 약속
을 잡으라고!

흥미로운 사실들 😮

동물의 왕국에서: 고니는 한 쌍과 짝을 이루고 평생 함께하는 새야. 해마는 항상 짝에게 충실해. 심지어 짝을 잃으면 마음이 찢어져서 죽을 정도래!

극장에서: 셰익스피어는 《로미오와 줄리엣》을 썼어. 베로나에 사는 두 연인이 이룰 수 없는 사랑을 꿈꾸다 결국 사랑을 위해 죽는 이야기지. 오랜 세월에 걸쳐 상영된 고전 중의 고전이야.

신화에서: 그리스 신화에는 나르키소스 이야기가 있어. 나르키소스가 어찌나 미남이었는지, 만난 사람은 사랑에 빠지지 않고는 못 배겼대. 한 여신이 나르키소스에게 호수에 비친 자신의 형상과 사랑에 빠지는 저주를 내렸고, 나르키소스는 그 사람이 나타나길 기다리다가 죽고 말았대!

철학에서: 그리스 철학자 플라톤은 이상적 사랑을 영원하며, 지적이고, 완벽한 사랑으로 정의했어. 이론적으로 아름답기는 하지만, 이제 절대 쟁취할 수 없는 무언가가 되어버렸지.

음악에서: 가수 브리트니 스피어즈는 〈Seal It With A Kiss〉를 그냥 친구보다는 사이가 조금 더 깊은 친구들인 "프렌즈 위드 베네핏(뒤에서 따로 설명)"에게 헌정했어.

다음 임무에는 대원 셋이 필요하다!
맥스, 라라, 폴...... 준비!

모둠2 : 맥스, 라라, 폴

맥스
16세
별명:
"전학생"

라라
16세
별명:
"LA"

폴
17세
별명:
"꼬맹이"

넌 내가 맥스를 얼마나 좋아하는지 몰라......

둘이 잘 될지 잘 모르겠는데.

쉿, 맥스다.

미안, 얘들아. 나 아파서 못 갈 거 같아.

LA는 못 온대......

네가 좋아 😄

끌리느냐 안 끌리느냐, 그것이 문제야……
항상 그게 문제지! 그 이름이 무엇이든, 모든 관계는 **똑같은 딜레마**에서 시작해. 네가 누군가에게 100% 빠져 있는지 어떻게 알아? 또 그 사람이 너를 100% 좋아하는지 어떻게 알아? 그래도 그 실마리를 밝혀 줄 단서는 존재해!

진짜 그 사람을 좋아해?

좋아하는 사람이 생겼으면 좋겠다는 마음이 간절해서, 누군가를 정말로 좋아한다고 단정 짓는 경우가 많아. 친구들에게 다들 좋아하는 애가 생기니까, 자기도 두근두근한 마음을 느끼고 싶은 거지. 그래서 누군가를 찍고…… 그 사람에게 몰두해 버리는 거야! 마음 밑바닥에서는 정말 좋아한다는 확신이 없는 줄 뻔히 알면서도 말이지. 서두를 **필요 없어!** 그 사람에 대해 더 알아봐. 그 사람을 좋아하는 이유를 목록으로 만들어 봐(외모 얘기만 하지 말고). 또 그 사람과 같이 있을 때 몸이 어떻게 반응하는지 귀를 기울여봐!

> 😊 **어떤 조언**
> 그 사람도 널 좋아한다는 확신이 들기 전까지는, 그 사람을 좋아한다고 주위에 알리지 않는 편이 나아! 더 망신당할 수 있어.

우선 낌새를 봐. 친절하게 대하고, 살짝 장난도 걸어보고, 메시지도 보내보라고. 긍정적인 반응이 온다면, 그 사람도 널 좋아하는 거야!

BY 추시타

그래, 정말 그 사람을 좋아하는구나!

누구에게 끌리면, 티가 날 수밖에 없어. 다 보인다고. 그 사람이 말하는 방식과 옷을 입는 방식, 심지어 걸어 다니는 모양새에…… 네 시선이 가 있을 테니까. 그 사람과 떨어져 있을 때는, 그 사람 생각이 멈추어지지 않고. 그 사람을 만나면 가슴이 두근거리고, 심장이 뛰고, 온몸이 달아오르고. 만약 그렇다면, **넌 지금 마법에 걸렸어.**

그래서…… 그 사람도 널 좋아하니?

그 사람도 날 좋아할까? 넌 그게 제일 궁금하겠지. **망설임은 그만!** 그 대답이 "예"인지 "아니오"인지 알려 주는 신호가 있어. 우선, 낌새를 좀 보자고. 친근한 대화를 나누면서 슬며시 장난도 쳐봐. 그리고 반응을 보는 거지. 그 사람이 널 좋아하면, 그 사람도 네게 똑같이 할 거야. 만약 그렇지 않다면, 그 사실을 받아들이고, 친구로 남으면 그만이고.

우리 서로 좋아해요. 이제 어쩌죠?

넌 그 사람을 좋아하고, 그 사람은 널 좋아하는 거 같아. 그런데 뭘 머뭇거려? **그 사람한테 아무 말도 안 할 거야?** 부끄러움을 느끼는 건 지극히 정상적인 반응이지만, 지금은 수줍어할 때가 아니야. 물론 서두르라는 얘기 아니야. 상대방을 놀라게 하고 싶진 않을 테니까. 둘이 서로 좋아한다면, 일은 결국 자연스레 풀릴 거야. 전혀 예상치 못한 바로 그 순간에 말이지. 그렇지만, 네게 확신이 있다면…… 좋아한다고 그냥 말해버려! 수줍어하지 말고, 솔직하게 말해.

그 사람이 널 좋아할 때 내뿜는 신호들!

- 나의 모든 일에 촉각을 곤두세우고, 쉽사리 눈을 떼지 못한다.
- 나와 함께 귀가하느라 길을 둘러 간다.
- 내 관심을 끌려고 애쓴다.
- 내가 소셜미디어에 올린 글에 모두 "좋아요"를 누른다.
- 내가 단체 채팅방에 메시지를 보내면, 제일 먼저 답장을 보낸다.
- 내가 다가가면 몸을 떨거나 어쩔 줄 몰라 한다.

데이트하기 😆😄

누군가랑 만나고 싶다면, 그 사람이 먼저 움직일 때까지 기다리지 마. 엄청 어색하고 쑥스러운 기분이 들겠지만…… **네 안의 공포에 맞서라고!** 가벼운 일로 시작해봐. 영화를 보러 가자든가, 쇼핑하러 가자든가, 커피 한잔하자든가 하는 식으로. 너답게 행동하는 걸 잊지 말고. 싫다고 하면? 뭐 어때! 좋다고 하면? **데이트를 즐기라고!**

데이트는 다른 사람에게 널 자랑하는 게 아니야. 그러니 할리우드 스타가 되려고 애쓸 필요 없어. 그냥 **네 가장 좋은 면**을 보여주면

충분해. 용모나 치장에 집착할 필요가 없다는 소리지. 가장 좋은 것은 자연스러운 것이니까.

첫 데이트

축하해! 용기를 쥐어짜 약속을 잡는 데 성공했구나! 이쯤에서 **온갖 잡생각**이 들기 시작할 텐데, 그건 정상이야. "뭘 입어야 하지?"라는 고전적인 근심에서, "그 사람이 날 마음에 들어 할까?"를 거쳐, 결국 "그냥 나가지 말까?"라는 피할 수 없는 걱정까지, 십중팔구 온갖 잡생각이 들 텐데, **진정해!**

⚠️ 잠깐! 우리 실수하지 말자고……

- 옷차림은 목적지에 적합해야 해. 영화관에 가는데 무도회장에나 어울릴 드레스를 입고 가거나, 클럽에 가는데 운동복을 입고 가지 말란 말이야!
- 약속에 늦지 마! 부득이 늦을 것 같다면 미리 연락하고! 바람맞았다는 생각이 들게 하는 건 정말 최악이라고!
- 좋은 인상을 주기 위해 자신에 관해 거짓말하지 마. 다른 사람인 척하지 말고, 너 자신이 되라고!

- 정직한 건 좋지만, 첫 데이트부터 비밀을 털어놓지는 마! 그런 고백은 서로를 더 잘 알게 된 다음에 해도 늦지 않아.
- 상대가 싫다고 하면, 강요해선 안 돼.
- 대화가 끊긴다고 너무 어색해하지 마. 또 대화가 끊길 때마다 매번 침묵을 깨려고 무리할 필요는 없어. 흥미로운 주제에 관해서 이야기하고, 상대의 이야기에 귀를 기울여.

- 친절하게 행동하고, 오버하지 않는 선에서 상대를 웃겨봐. 상대에 관한 농담이나 천박한 행동은 하지 말고!
- 휴대전화는 그냥 없다고 생각해. 첫 데이트에서 휴대전화에 정신을 팔리는 상대는 최악이니까!
- 상대가 네 입술을 바라본다면…… 키스하고 싶어서 그러는 걸 거야!

첫 데이트에서 긴장이 널 너무 장악하지 않도록 조심해야 해. 손을 잡는다거나, 허리에 손을 올린다거나 하는 작은 목표에 집중하는 편이 나아…… 그렇지만 첫 데이트에서는 무슨 일이든 일어날 수 있어. 스킨십을 하거나, 뽀뽀를 하거나, **계속 키스하고 싶다**는 생각이 들 수도 있다고! 가장 중요한 일은, 네가 정말로 하고 싶은 일을 하는 거야. 데이트는 새로운 방식으로 상대를 알아가는 행위이자, 네가 그런 일에 관심이 있는지 확인하는 행위야.

데이트가 끝난 뒤……
생각보다 그 사람이 별로일 수 있고, 다시 만나고 싶지 않다는 생각이 들 수 있어. 마찬가지로 그 사람도 비슷한 생각을 할 수도 있고. 그 둘 중 어떤 일이 일어나든, **걱정할 필요 없어!** 마음속에 담아둘 만한 일이 아니니까. 바다에는 수많은 물고기가 있고, 세상에는 만나고, 데이트하고, 함께 이런저런 실험을 해볼 사람이 넘쳐 나.

데이트가 즐거웠고, 다시 만나고 싶다는 생각이 든다면…… 망설이지 마. **상대에게 그 사실을 알려주라고!** 두 번째 데이트는 첫 데이트와 비슷한 구석이 있어. 신청하려면 용기를 내야 하는데, 둘 다 주저하기만 하는 경우가 있거든!

첫 데이트가 마법 같을 거라고 기대하지 마. 실망할 수도 있어.

사귀기 😊

한동안 둘이 데이트를 했는데, 사람들에게 우리 요즘 만난다고 말했더니 다들 심드렁하게 알고 있다고 답하는 상황이라면, 진지하게 연애하는 모습을 다시 생각해봐도 좋아. **연인이 생긴다**는 말은 네 사적이고 내밀한 생각과 감정을 공유할 사람이 생긴다는 의미야. 그렇다고 해서 1년 365일 딱 붙어 있어야 한다는 소리는 아니야. 함께하는 시간이 소중하듯이, 각자 자신의 삶을 살아가는 것도 중요해. 연인에 맞춰 네 삶을 바꾸는 것이 아니라, 네 삶에 연인을 더해야 해.

사람을 바꿀 수 있나요?

그 **사람은 그 사람일 뿐**이야. 잘하는 게 있고, 못하는 게 있어. 그렇지만, 사람은 파트너의 기분을 상하게 하는 **행동과 태도를 바꿀 수 있어**. 예를 들어, 어떤 사람이 파트너에게 유독 공격적이거나 경쟁의식을 불태우는 경우, 그 사람은 파트너가 불편해하지 않도록 말하는 방식을 배워야 해. 만약 그렇게 하지 않는다면? 차여도 싸!

섹스……

연인이 되었다고 해서 연인이 된 첫날부터 섹스해야 하는 건 아니야. **절대 아니라고!** 뭐, 그렇다고 절대 그래선 안 된다는 소리는 아니야. 둘 다 원한다면야, 둘 다 동의한

세상에는 온갖 유형의 연인이 있어. 서로의 감정을 즉시 솔직하게 드러내는 연인도 있지만, 서로에게 완전 쿨한 연인도 있지. 전부 다 괜찮아!

다면야, 때와 장소가 맞다면야, 안 될 게 뭐 있겠어! 네겐 무엇을 할지, 언제 할지 스스로 선택할 권리가 있어. 그렇다고 강요하면 안 되는 건 알지?

질투!

연인 관계는 암묵적인 규칙이 딸린 약속이야. 그 규칙은 바로, **서로에게 충실해야 한다**는 거지. 둘이 사귈 때는 마땅히 다른 사람을 만나선 안 돼. 물론, 연인과 "자유로운 관계(Open Relationship)"를 맺고 다른 사람을 만날 수도 있어. 결국, 다 선택하기 나름이야! 그렇지만, 어떤 관계에서든 질투심이라는 추한 머리가 들이밀 수 있으니까, **조심하라고!** 질투심을 불친절한 행동의 구실로 삼는 건 절대 안 돼!

규칙

- 상대의 사생활을 존중하고,
  내 사생활도 존중해달라고 당부할 것.
- 상대의 휴대전화를 감시하지 말고,
  상대가 내 휴대전화를 감시하려 들면 용납하지 말 것.
  이는 상대를 괴롭히는 행위임!
- 두 사람의 관계는 대등한 사이에서 서로 동의하고
  맺은 자유로운 관계임. 어느 한쪽에
  일방적인 우위가 있음 안 돼!
- 연인이 생겼다고 친구를 잃지는 말 것.
  연인이 함께 외출하는 것도 자연스럽지만
  따로 외출하는 것 역시
  자연스러운 일임!

나에게서 너에게로……

만난 지 한 달 때쯤 된 사람이 있는데, 제 누드 사진을 보내달래요. 어쩌면 좋죠? **F. T., 17**

싫다고 해! 지금 당장은 섹시하고 재밌는 일처럼 느껴질지도 모르지만, 만약 둘이 헤어지면 분명히 이 일이 후회막급일 거야! ("우리 헤어져" 장을 읽어봐.) **추시타**

프렌즈 위드 ☺ 베네핏(FWB)

세상에는 한마디로 정의하기 어려운 관계도 있어. 가령, 연인은 아니야. 정서적으로 연인처럼 교감하는 건 아니니까…… 그렇다고, 친구도 아니야. 친구보다는 더 깊은 사이니까…… 그리고 **같이 잘 수 있는 사이**야. 이게 바로, 프렌즈 위드 베네핏(Friends With Benefit)이야!

프렌즈 위드 베네핏은 특수한 관계야. 키스할 수도 있고, 만질 수도 있고, 노닥거릴 수도 있고, 섹스할 수 있는 사이지. 여기에는 **좋은 점과 나쁜 점**이 있어. 좋은 점은 둘 사이에 아무 의무가 없다는 것이고, 나쁜 점은

한 사람의 감정이 다른 사람의 감정보다 강해지면 사달이 난다는 거지!

섹스……

상대를 얼마나 친밀하게 대할지 정할 필요가 있어. 처음 몇 번 만날 때는 뽀뽀 몇 번하고, 스킨십 하는 정도에서 더 진도를 나가지 않더라도 정상이야. 그리고 이후에 더 만나면서 서서히 온도를 올리는 거지. 둘 사이에 생긴 신뢰는 더 친밀하게 장난치고, 끌어안고, 키스하고, 스킨십을 하게 할 거야.

혼란스러운 상황

"우리 **사귀지는 말자**. 그렇지만 **만나고 싶을 때 만나서 즐거운 시간을 보내자**."라고 약속한 두 사람…… 듣기엔 참 좋은 소린데, 실제로 지키기는 쉽지 않아! 스킨십은 자연히 성행위를 부르기 마련이거든. 그래서 이런 관계는 엄청난 혼란을 불러와.

이 관계는 한쪽 혹은 양쪽이 다른 파트너를 찾으면서 파탄이 날 수도 있고, 만나는 일이 점점 줄어들면서 흐지부지될 수도 있고, 육체적 끌림이 사랑으로 발전할 수도 있어. 최악의 시나리오는 둘 중 한 사람이 안 좋은 상황에 깊이 빠져 헤어나올 수 없는 때야. 상대가 돌아올 **희망 없는 사랑**에 빠진 거지.

☺ 규칙

- 만날 때마다 키스할 필요는 없음..
- 상다른 사람과 사귀거나, 또 다른 프렌즈 위드 베네핏을 만날 수 있음.
- 한 사람이 더는 관계를 유지하고 싶어 하지 않을 때 화를 내면 안 됨.
- 서로 선을 넘어 미래 계획을 세우거나 데이트 약속을 잡지 말 것.
- 양측 모두, 이 관계에 대해 함구할 것.

- **오래가는 친구**: 책임에 관한 걱정을 덜고, 같이 자고, "이런저런 일"을 함께 해볼 만큼 믿는 친구.
- **학교 친구**: 학교에서 수학여행이나 소풍을 갈 때나, 파티가 열릴 때나, 학교에서 마주쳤을 때, 때때로 어울리는 친구.
- **원 나잇 스탠드**: 파티나 클럽에서 만난 사람으로, 만나고 싶을 때 만나 재미를 보는 가벼운 사이.

해결하기 가장 어려운 예인데, 가능한 한 빨리 해결책을 찾아야 해!

온도 차 해결하기

프렌즈 위드 베네핏에게 빠졌다면, 망설이지 말고,

- 그 친구도 널 좋아하는지 간을 봐.
- 너한테만 관심이 있는지, 다른 사람에게도 관심이 있는지 물어봐.
- 규칙을 무시하고, 정식으로 사귀자고 해봐.
- 너와 생각이 다르다면, 친구를 그냥 내버려 둬. 네가 상처를 받을 수 있으니까!

그리고 만약 프렌즈 위드 베네핏이 너에 대해 집착을 한다면, 그 애정에 응답하지 마. 헛된 기대를 품게 하지 마! 그러다가 친구 관계마저 소멸할 수 있어.

훅 업(Hook Up) 😚😊

어느 날 길을 가는데…… 난데없이 큐피드가 튀어나오더니만 화살을 쏘네. 그리고 그 화살에 제대로 맞아버렸네. 이때 눈앞에 있는 사람이 처음 보는 사람일 수도 있고, 알던 사람인데 그날따라 달라 보일 수 있지만, 이런 일은 누구에게나 일어날 수 있어.

훅 업(Hook Up)는 즉흥적으로 이루어지는데, 때로는 엄청 **강렬한 경험**이 될 수도 있어! 키스 몇 번 한 다음에 더 진한 일이 일어나거나…… 심지어 아예 끝까지 달릴 수도 있다고. 너 스스로 정한 선 외에는 그 어떤 제한도 없어. 그렇지만, 섹스하더라도 콘돔은 꼭 써야만 해! 계획되지 않은 만남에서 믿을 수 있는 안전장치는 콘돔 하나뿐이니까.

어색한 상황을 피하고 싶다면, 상대를 고를 때 자신과 성적으로 비슷하게 성숙한 사람을 골라야 해. 한쪽은 진도를 확확 빼고 싶은데, 다른 사람은 천천히 가고 싶어 할 수

좋은 신호 👍

- 연락처를 교환하고 메시지를 주고받기 시작했다.
- 내 메시지에 바로바로 답장을 보낸다.
- 내게 농담을 건네온다.
- 나와 만날 일이 있으면 옷을 잘 입고 나오고, 관심을 끌려고 애쓴다.

나쁜 신호 👎

- 내 메시지에 한참이 지나서야 답장을 보내거나, 아예 답장을 보내지 않는다.
- 나를 만나려 하지 않거나, 나를 보면 피한다.
- 다른 사람과 시시덕거린다.

⚠️ 섹스팅

섹스팅은 파트너에게 자신의 몸을 담은 야한 사진이나 메시지를 보내는 행위를 뜻해. 섹스팅은 위험한 행위야. 관계가 끝났을 때 이걸 빌미로 **성 착취**를 당할 수 있거든. 성 착취란 "낯 뜨거운" 사진을 이용해서 누군가를 협박하는 형태로 이루어지는 범죄야. 연예인을 포함한 수많은 사람이 전 애인에 의한 범죄의 희생자가 돼.

있으니 말이야.

원 나잇 스탠드 이후……

하고 싶은 대로 노는 건 좋지만, **조심해야 해!** 이런 유형의 관계는 널 위험에 처하게 할 수 있어. 서로에 대한 책임이 전혀 없을 뿐더러, 애매한 관계이기 때문이야.

물론 원 나잇 스탠드가 성사됐다는 이야기는 두 사람이 서로에게 끌렸다는 의미야. 그렇지만, 단 하루만 지나도 그 느낌은 완전히 달라질 수 있어. 그러니 **너무 앞서가지 마!** 원 나잇 스탠드가 물론 열정적인 경험이지만, 그 순간에 상대에 관해 잘 알 리가 없잖아. 그러다 보니 이후에 상대를 알아가면서, 상대와 더 깊은 사이가 되기보다는 그저 한

때의…… 불장난으로 끝내고 싶다는 생각이 들 수 있어.

규칙

- 두 사람 다 이런 관계에 불만이 없어야 함.
- 어느 한 사람이라도 부담을 느끼거나, 하고 싶지 않은 일, 즐겁지 않은 무언가를 해야 할 의무를 져서는 안 됨.
- 두 사람 모두 책임감 있게 피임에 신경 써야 함. 콘돔이 없으면 섹스도 없음.
- 이 관계가 즐겁지 않다면, 즉시 종 치고, 그냥 넘어갈 것!

우리

훅 업으로 만난 상대든, 프렌즈 위드 베네핏이든, 정식으로 사귀는 사이든…… 그 관계가 어떤 관계이든 간에 대부분 **끝이 나기 마련이야.** 이별은 고통스러울 때도 있고, 안도 감을 줄 때도 있어. 이별은 **삶의 한 부분이야.** 그리고 얼마나 많은 경험을 쌓든, 이별의 모습은 매번 달라!

이별 준비하기……

관계란 본래 언제고 끝나는 거야. 그래서 관계를 처음 맺을 때부터 명심해야 할 사실이 있어. 그건 바로 그 사람과 함께 나눈 모든 것이 잠재적인 위험 요소가 될 수 있다는 사실이야. 함께 나눈 비밀이나 사진도 이런 위험에 포함돼. 그러니 항상 신중해야 해.

헤어지는 방법

- 전화나 메시지가 아니라, 얼굴을 직접 보고 말할 것.
- 조용하고 프라이버시가 담보되는 장소에서 통보할 것.
- 진심을 말할 것.
- 잔인하거나 경멸이 담긴 말을 하지 말 것.

상대를 위로한답시고 불필요한 애정을 보이지 말 것.

헤어져

네가 끝내기!

관계를 끝내려는 사람이 너라면, 네가 **유리한 상황**이야. 이별은 보기엔 쉬울지도 모르지만…… 그렇지 않아! 가능한 한 가장 좋은 말로 끝내려고 시도하는 편이 나아. 나쁜 감정 없이 이별하는 것이 두 사람 모두에게 좋겠지.

누군가 널 떠나려 할 때……

좋아하는 사람이, 함께하던 사람이, 다시는 너를 보고 싶어 하지 않는다는 사실을 받아들이기는 **무척 힘들어**. 마음의 준비를 단단히 하도록 해. 분명 아플 테니까. 그렇지만 상대가 관계를 끝내고 싶어 하는 게, 네 잘못만이 아니야. 너는 나중에 다른 누군가와 반드시 만나게 돼.

적절한 순간

매사에는 때가 있는 법. 그리고 때에 맞는 일이 있는 법. 상황에 안 맞는 일을 억지로 해서도 안 되고, 찾아온 기회를 놓쳐서도 안 돼!

적절한 순간을 알아차리기가 쉽지는 않아. 왜냐하면, 적절한 순간을 알아차리려면 확신이 있어야 하는데, 우리에게는 항상 확신이 없었거든. 너는 적절한 순간이 찾아왔다고 확신해야 해! 가장 중요한 일은 자기 자신을 믿고 그 순간의 화학작용을 믿는 거야.

그리고 이렇게도 생각해 봐. 다름 아닌 네가 누군가와 무언가를 하고 싶은데…… 왜 그 사람이 먼저 그렇게 해주길 기다려? 두 사람 사이에서 친밀함이 싹트는 순간을 찾고, **선수를 쳐!**

첫 키스

좋아하는 사람과 첫 키스를 결심했다면, 부디 기습 키스를 시도하지는 마! "이 키스를 **처음이자 마지막 키스**로 만들고야 말겠어"라고 마음먹은 게 아니라면 말이야. 키스 못 하면 죽는 병에 걸린 건 아니잖아? 안타깝게도, 키스하기에 적절한 순간이 언제인지 알려주는 지침서나 안내서는 없어. 또 어떤 식으로 키스해야 하는지 적혀 있는 각본도

없고. 그렇지만, 몇 가지 실수를 피할 수 있는 간단한 방법이 있어. 예를 들어, 주변에 다른 사람이 있거나, 상대가 말을 하고 있을 때는, 첫 키스를 하려 들지 마. 긴장하지 마!

첫 관계

첫 키스를 하자마자, 진도를 더 나가겠답시고 상대를 덮칠 필요는 없잖아? 양쪽 다 그럴 마음이 들 때까지 기다리는 게 중요해. 그러고 나서 적절한 장소를 찾고!

완벽한 순간을 만들어 봐.
마냥 기다리면……
데이트가 끝날 때까지
그 순간이 오지 않을 수도 있어!

BY 추시타

적절한 장소

네 말이 맞아. 넌 어디에서나, 무슨 일이든 할 자유가 있어. 그렇지만, 하려는 일이 무엇이냐에 따라서…… 온 세상에 광고하지 않는 편이 나을 때도 있지 않겠어?!

장소는 **중요해**. 왜냐하면 어디에 있느냐에 따라서 마음이 편하거나 불편할 수 있거든. 누군가가 너를 지켜보고 있다는 생각이 들거나, 네 이야기를 들을 수 있다면, 긴장을 풀 수 없을걸! 청소년 시절에는 적절한 장소

😕 어디서, 뭘 하면 좋을까?

운동장이나 놀이터 구석: 같이 놀거나, 알콩달콩하기에 괜찮은 장소야. 몰래 키스나 포옹을 몇 번 하는 게 최대한도고, 그 이상은 곤란해. 명심해. 쫓겨날 수도 있어!

집 현관: 첫 키스와…… 그보다 더 많은 일이 일어나는 고전적인 장소야! 현관은 배웅하는 곳이지만, 현관에 오래 서성거리는 건 좋지 않아. 부모님이나 이웃분들이 나타날 수도 있으니까!

공원: 많은 커플이 공원에서 첫 데이트를 해. 로맨틱한 산책을 하고…… 벤치나 풀밭에 앉아 첫 키스를 하는 거지! 공원에서 그 이상은 곤란해. 누군가 지나갈 수 있으니까.

영화관: 영화관 뒷좌석은 애정 행각을 벌이고 싶은 연인들 사이에서 유명한 장소야. 영화관이 만석이 아니라면 말이지! 너무 유명하지 않은 영화를 골라서 사람이 붐비지 않은 시간대에 관람하는 편이 좋아. 그렇지만, 영화관은 그 상황에서도 진도를 더 나가기에 적절한 장소는 아니란 거 알지?

클럽: 사람이 워낙 많고 어두우니까, 눈치 채일 염려가 적다는 생각이 들겠지만, 설사 그렇더라도 사람들 앞에서 쇼를 공연할 이유는 없어! 어떤 클럽에는 "특별한 좌석"을 비치하기도 하지만, 위생에 주의해야 해! 그곳을 처음 쓰는 사람은 십중팔구 너희가 아닐 테니까.

화장실: 급한 불을 끄기에 좋은 장소긴 한데, 위생 면에서는 아쉬운 점이 많아. 열기가 확 달아오를 때, 이용해도 괜찮아. 하지만 장소가 마음에 안 들어 흥이 깨졌다면, 다음을 기약하도록 해.

해변이나 시골: 자연경관이 아름답고, 지켜보는 이가 없는 외딴곳…… 기적 같은 곳이지!

집: 부모님이 안 계시거나, 프라이버시가 보장되는 상황이라면, 집은 두말할 필요 없이 성적인 행위를 하기에 좋은 장소야. 그렇지만 부모로부터 곤란한 질문을 피하고 싶다면, 뒤처리를 잘해야 해!

를 찾기가 더 힘들어. 자기 소유의 집이나 차가 없다 보니, 적절한 장소를 직접 찾아야 하거든. 너무 설레발 치지 마. **결국에는 그런 곳을 찾을 테니까.**

적절한 때가 아니었을 뿐이야!

상대가 키스를 거부하거나, 진도를 나가길 머뭇거리는 것은 관계가 끝났다는 신호가 아니야. 적절한 때가 아니었을 뿐이야! 두 사람 사이에 미래가 있다면, 기회가 많을 거야. 만약 상황이 그렇지 않다면, **걱정할 필요 없어.** 세상에는 매력적인 사람이 많고, 심지어 지금 그 사람보다 더 끌어당기는 사람도 있어. 그리고 네게 호의적인 반응을 보이는 사람이 있을 거라고!

모든 게 다 완벽해…… 너만 빼고!

누군가에게 방해를 받을 염려가 없는 조용하고 사적인 공간에서, 모든 게 다 갖춰진 것처럼 보이는 마법 같은 순간…… 그런데, **딱 하나 부족한 게 있어.** 바로 네 몸 상태야. 이렇듯 모든 게 완벽하지만 네 몸이 하고 싶지 않다고 말하는 순간이 이따금 찾아와. 몸이 불편하거나, 내키지 않거나, 하고 싶은지 아닌지 확실하지 않을 때는 상황이 아무리 완벽해 보이더라도 할 필요가 없어. 지금은 **네 때가 아님**이 명백하니까. 속상해하지 말고, 침착하게 사정을 설명해.

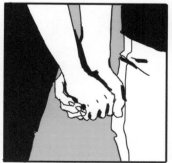

☺☺ 적합한

좋은 관계를 위해서, 시간이나 장소보다 더 중요한 게 있어…… 바로 상대야! 손뼉도 마주쳐야 소리가 나잖아. 한쪽이 진도를 나가고 싶어도, 다른 쪽이 응하지 않으면 소용이 없어. **강요는 절대 안 돼!** 상대가 멈추고 싶다면, 그 의사를 존중해.

사랑에서 섹스로
적절한 상대를 찾았을 때, 진도가 빨리 나갈 수 있지만, 한 걸음씩 한 걸음씩 나아갈 수도 있어. 어떠한 관계이든 **속도가 제각각이야!** 섹스와 사랑을 혼동하면 안 돼. 누군가와 미친 듯이 열정적으로 섹스를 했다고 해서 그 사람이 네 평생의 사랑인 것은 아니야. 마찬가지로, 서로 좋아해도 섹스가 반드시 보장된 것은 아니야.

기다리는 법 익히기
네가 그 사람을 찾았다는 느낌을 받았더라도, 상대도 똑같은 열의로 반응해 준다는 보장은 없어. 누구나 다 상대의 걸음걸이에 맞출 준비가 되어 있는 것은 아니거든. 그 사람이 **시간이 필요하다**고 말한다면, 시간을 줘야 해. 부디 그 말을 신중하게 받아들이고 존중해 줘. 그리고 함께할 수 있는 다른 일을 찾아봐. 이 일을 못마땅하게 여기거나 상대를 압박하려 들지 마. 상대가 안심하도록 친절한 태도를 유지하도록 해. 그 사람은 조

금씩 조금씩, 더 나아가고 싶다는 신호를 네게 보내게 될 거야.

삶에는 더 많은 것이 있어!
성적인 행위는 섹스가 다가 아니야! 직접 성교하지 않더라도 즐길 수 있는 다양한 **전희**가 있어. 전희 역시 무척 즐거워. 키스하고, 껴안고, 장난스럽게 서로의 몸을 탐험해봐. 이런 비삽입 성교를 상호 자위라고도 부르는데, 이 방법을 배제할 필요는 없어, 오히려 상대에게 제의해도 좋아.

사람

첫 경험

둘 다 하고 싶다는 확신이 들었다고 해도…… 무언가 엄청난 일이 벌어질 거라고 기대하지는 마! 그 순간과 장소, 그리고 상대가 완벽하다고 해도, 첫 경험이 기대한 만큼 황홀한 경우는 거의 없어. 황홀한 첫 경험이란 **과장된 환상**이야. 섹스란, 잘하려면 연습이 필요한 행위라고!

뜻밖의 선물!

맞는 사람을 찾을 거라고 기대하지도 않았고, 그곳이 맞는 장소라고 생각하지도 않았고, 두 사람에게 적절한 때라고 생각하지도 않았던 네게…… 그 일이 일어났어! 전혀 예상치 못한 순간에 열정에 불이 붙었고, 너는 욕망을 거부하지 않았어. 그 순간을 즐겨! **후회할 이유 따윈 없으니까.** 콘돔을 써야 한다는 사실만 꼭 기억해.

싫다고 말해야 하는 때를 알기

첫 경험 다음에는 두 번째 경험이 올 거고, 그다음에는 세 번째가 올 거야. 그렇게 다음 다음으로 이어질 거야. 그렇지만 어떤 사람과 무언가를 한 번 했다고 해서, 앞으로도 그 일을 쭉 계속해야 한다거나, **어떠한 의무가 생기는 건 아니야.**

세상에는 **싫다고 말해야만 하는 때**가 있어. 분명 어떨 때는 두 사람 모두에게 실망스러운 일이겠지만, 아닌 건 아닌 거야. 콘돔이 없다거나, 몸이 안 좋다거나, 무언가가 널 거북하게 했다거나, 그냥 기분이 안 좋을 때는 말이야. **굳세져야 해.** 너 자신을 존중하고, 상대에게도 너를 존중해 달라고 요구해.

나에게서 너에게로…… 👍

어떤 여자애와 사귀다가 사랑에 빠졌어요. 그런데 섹스할 준비는 아직 안 됐어요. 걔는 정말 하고 싶어 하고, 제 앞에서 옷을 벗기까지 했어요…… 그런데 저는 너무 부끄러웠어요! 저한테 무슨 문제가 있거나, 어딘가 아픈 걸까요?

J. P. G., 15

전혀 그렇지 않아. 때가 안 된 거야. 마음 편히 먹어. 여자 친구에게 둘 사이에 속도에 차이가 있을 수 있다고 잘 설명해 줘. 그러면서 여자 친구를 얼마나 좋아하는지도 알려주고. 여자 친구는 자길 좋아하지 않아서 그런다고 오해할 수 있으니까 말이야. 조만간 때가 찾아오리라고 확신해!　　**추시타**

금요일

우리 방 잡을 거야.
너네도 같이 가자!

...

모르겠어...

분위기 깨지
말고, 가자!

미안해.
난 빠질게...

월요일

화요일

수요일

피임 ✋

성생활이 시작되면, 명심해야 할 게 있어. 그건 바로 섹스가 즐거운 일이기도 하지만…… 위험이 따르는 일이라는 사실이야! 안전하고 책임 있는 성생활을 하려면 섹스에 따르는 위험을 **반드시 인지하고 있어야 해!** 적절히 피임하지 않으면, 섹스에는 원치 않은 임신이나 성병이라는 정말 엄청난 재앙을 초래할 수 있어.

각 피임 방식의 장단점에 관해 잘 알아 두어야 해. 모든 피임법이 성병 감염을 방지하지 않거든. 안전한 섹스는 널 지켜주고, 네가 **건강한 성생활**을 즐길 수 있게 해줘.

임신

남자와 여자가 피임하지 않은 채로 삽입 섹스를 하면, 정자가 난자와 만나면서 수정될 위험이 있어. 임신할 가능성이 있다는 거야. 잊지 마. 임신을 막는 유일한 방법은 **피임**밖에 없다는 거.

성병

성병(STI)은 성전파성질환이라고도 불리는데, 성관계 시 신체 접촉으로 전염되는 질병이야. 성병은 체액을 통해 전파되는 여러 가지 바이러스, 박테리아, 진균, 기생충에 의해 일어나.

가장 널리 알려진 성병은 **에이즈**지만, 성병에는 종류가 많아. 유두종 바이러스, 임질, 클라미디아, 생식기 헤르페스, 매독 등등…… 일부 성병은 심각한 질환이고, 심지어 목숨을 앗아가기도 해. 성병을 치료하는 데는 오랜 시간이 걸리고, 심지어 평생 관리를 받아야 할 경우도 있어. 게다가 치료가 끝난 뒤에도 후유증에 시달릴 수도 있어. 성병은 대부분 증상이 바로 나타나지 않기 때문에 조기 발견이 어려워. 그래서 더 위험하지. 어떤 사람은 자신이 성병에 걸린 줄도 모르고, 다른 사람에게 성병을 퍼뜨리기도 해. 자기가 병에 걸리지 않았다고, 피임하지 않은 채로 섹스하는 식으로 말이야.

성병은 삽입 섹스를 통해서 퍼지기도 하지만, 애널 섹스나 오럴 섹스를 통해 퍼지기도 해. 그래서 성행위를 할 때는 안전장치가 필요해. 그리고 잊어서는 안 되는 사실이 하나 있어. 네가 10대라면 특히 더 조심해야 해. 너는 아직 성장하는 단계고, 네 면역 체계 역시 발달하는 단계야. 그래서 성병에 노출되었을 때 감염될 확률이 더 높다는 거.

네가 콘돔을 들고 다니는 사람이라면,
넌 섹스하고 싶어 안달 난 사람이 아니라,
책임감 있는 사람이야!

BY
추시타

피임법 선택하기

섹스하기 전에 어떤 피임법을 쓸지 **항상** 먼저 정해야 해.

이건 섹스하기 전에 두 사람이 함께 결정해야 할 문제야. 어떤 피임법을 쓸지 상대에게 전적으로 맡겨놓으면 안 돼. 그 사람과 잘 아는 사이고, 믿을 만한 사람이라는 확신이 없는 한, 말이야. 네 건강과 생명이 달린 심각한 문제란 사실을 잊지 마.

파트너에 따라서, 더 효과적인 피임법이 있을 수 있어. 그렇지만 어떤 관계든 가장 권할 만한 피임법은 콘돔이야. 상대가 모르는 사람이거나, 한 번 만나고 말 사람이거나, 우연히 만난 사람이라면 특히 더 그래. 콘돔은 임신을 막아주는 동시에 성병도 막아주는 유일무이한 피임법이거든.

두 사람의 관계가 안정기에 접어들었거나, 신뢰하는 사이라면, **다른 피임법**을 쓰고 싶을 수 있어. 그렇지만, 다른 피임법을 쓰기 전에 두 사람이 건강한지, 혹시라도 감염될 가능성이 있는지 확실하게 확인하는 편이 좋아. 이 책에서 조만간 다룰 주제긴 하지만, 이건 의사가 확인해 줄 수밖에 없는 문제야.

흥미로운 사실들 😮

역사에서: 고대 이집트인들도 피임 기구를 썼어. 놀랍지? 그 시대에도 피임한 게. 염소나 물고기의 내장을 써서 만들었는데, 음경을 덮어 정자가 새지 않게 하는 방식이었지.

박물관에서: 런던 과학박물관에는 1798년에 만든 콘돔이 있어. 아래쪽에 고정용 고리 두 개가 달린 남근 모양 콘돔인데, 권장 사용 방법은 사용 전에 우유에 적시는 거였대.

사회에서: 여성용 피임약은 1950년대에 개발되었는데, 제작 후 20년이 지나서야 널리 사용되었어. 도덕적인 문제가 있다는 이유로 말이야! 유럽과 미국에서는 피임약이 월경통을 완화해 준다는 이유로 처방되었고, 스페인에서는…… 피임약을 사려면 아예 다른 나라로 출국해야 했어.

예술에서: 오늘날에는 피임해야 한다는 생각이 널리 퍼져 있어. 심지어 콘돔 컬렉션을 만드는 예술가도 있어. 이런 콘돔은 디자인이 멋지고 혁신적인데, 착용하면 꼭 문신처럼 보인다니까!

이중 피임

가장 믿을 만하고, 가장 효과적이고, 가장 권장하는 피임법은 **콘돔**이야. 콘돔은 불편하지도 않고 실용적인 데다가, 앞서 언급했다시피 임신과 성병을 모두 막아줘. 일거양득이야.

콘돔에는 남성용도 있고, 여성용 콘돔도 있어. 가장 널리 쓰이는 콘돔은 **남성용 콘돔**인데, 섹스하기 전에 발기한 음경에 얇은 라텍스 막을 씌워서 사정 시 콘돔 끝부분에 정액이 모이게 하는 구조야. **여성용 콘돔** 역시 얇은 라텍스로 만드는데, 한쪽에 있는 큰 링을 외음부 위에 걸치고, 반대편에 있는 작은 링을 질을 통해 자궁 입구까지 넣는 구조야. 여성용 콘돔은 정액과 다른 체액을 막아줘. 두 콘돔 모두 애널 섹스용으로 써도 안전해.

명심해야 해. 콘돔은 **일회용**이야! 딱 한 번만 사용해야 해. 아무리 씻어도 소용없어! 또 한 콘돔을 두 가지 종류의 섹스를 하는 데 쓰는 것도 좋지 않아. 가령, 오럴 섹스를 하다가 삽입 섹스로 넘어가면서 같은 콘돔을 쓰면 좋지 않다는 소리야. 콘돔이 손상되

었을 수도 있으니까. 무엇보다도, 애널 섹스에 사용한 콘돔은 절대 다시 사용해서는 안돼. 더러움이 퍼지면서 심각한 감염을 일으킬 수 있어.

콘돔, 항상 가지고 다니자!

성 정체성이 무엇이든 간에 콘돔을 들고 다니면 위험한 상황을 피할 수 있을 거야. 지갑이나 핸드백, 배낭이나 가방에 하나씩 넣고 다니다 보면…… 언젠가 그 값을 톡톡히 할 거라고!
콘돔은 정확하게 착용해야 해. 그렇지 않으면, 찢어지거든. 처음 몇 차례 사용할 때는 찢어질 가능성이 크니, 만약을 대비해 콘돔을 몇 개 더 들고 다니는 것도 나쁜 생각이 아니야.

거부……

상대가 피임하고 싶어 하지 않는다면, 네 입장을 확실히 전해. "콘돔 안 하면 섹스 안 할래."라고 강하게 말하면, 상대는 십중팔구 콘돔을 쓰는 데 동의할 거야. 즐거움을 놓치고 싶지는 않을 테니 말이야. 만약 상대가 끝까지 거부한다면? 작별 인사를 건네면 그

🔹 콘돔의 좋은 점

- 의사한테 처방받을 필요가 없음.
- 약국, 마트, 자판기 등에서 쉽게 구할 수 있음.

- 브랜드와 가격이 다양함.
- 남녀 모두 쓸 수 있음.
- 부작용이 없음.
- 색과 향이 다양함.

- 작고, 눈에 띄지 않고, 지갑이나 가방에 휴대 가능함.
- 원치 않는 임신과 성병을 동시에 막아줌.

만이야. 분명 더 똑똑하고 책임감 있는 사람을 찾을 수 있을 테니까.

피임이 없으면 섹스도 없다!

이번 한 번만 없이 하자는 유혹을 떨쳐내기 어려운 상황이 분명히 있어. 대단히 위험한 상황이니, 애초에 이런 일이 일어나지 않도록 경계심을 풀어선 안 돼. 만약 이런 상황에 빠졌다면, 조심 또 조심하고, 매번 **싫다**고 답할 준비를 해야 해. 각별히 조심해야 하는 상황을 예로 들어볼게.

* 모르는 사람과 삽입 섹스나 오럴 섹스, 애널 섹스를 하게 되었을 때.
* 술을 마셨거나, 누군가에게 강렬하게 끌리거나, 성욕이 들끓어서…… 섹스하고 싶다는 생각이 들 때!
* 자신이 여자인데, 쓸 수 있는 (혹은 이미 쓰고 있는) 다른 피임 방법이 없을 때 (76쪽 참조).
* 상대가 자신은 성병에 걸리지 않았으니 안심하라고 할 때. 혹은 어떤 남자가 자기는 사정을 조절할 수 있으니 임신할 염려가 없다고 할 때.
* 상대가 파트너를 자주 바꾸는 사람일 때.
* 상대가 효과가 없는 피임법을 쓰자고 설득할 때.

여성용 피임법 ♀

이 피임법들은 성병을 막진 못하지만, 임신을 방지할 수 있어.

피임약: 하루 한 알씩 21일간 먹은 뒤 1주일간 휴약기간을 갖는 식으로 복용하는데, 이 1주일 사이에 생리가 일어나게 돼. 배란을 멈추는 몇 가지 호르몬이 주성분이야. 간단하고 부작용이 거의 없는 피임법이야.

피임 패치: 피부에 붙이는 패치야. 한 달에 총 세 번, 한 주일에 한 번씩 교체해 줘야 해. 피임약과 원리가 똑같아. 호르몬 수치를 조절해서 배란을 막는 방식이지.

피임용 질 링: 질 상단에 부착하는 링인데, 효과가 21일 동안 지속해. 병원에서 처방을 받을 수 있어. 사용이 쉬워.

피임 주사: 전문 의료인만이 시술할 수 있고, 약효가 12주간 지속해.

자궁 내 장치(IUD): 자궁 안에 삽입하는 기구로, 5~10년간 효과가 지속해.

피임용 격막: 섹스 전 2~6시간 전에 질 안에 삽입하는 장치인데, 정액이 들어오지 못하게 막아줘. 단점이 몇 개 있는데, 격막을 쓰면 섹스를 할 때까지 상당한 시간을 기다려야 한다는 것도 그 가운데 하나야.

살정제 및 질 살정제: 정자를 죽이는 물질이야. 사용하기 쉽지만, 알레르기 반응이 일어날 수도 있어.

⚠️ 널 보호해주지 못하는 피임 방법들

세상에는 임신을 막아주는 확실한 방법이랍시고 나돌아다니는 말도 안 되는 도시 괴담(개소리)이 많아.

도시 괴담을 믿어선 안 돼. 이런 이야기 하나라도 믿었다가는 패가망신하기 딱 좋아. 피임 없이 하는 거랑 같거든!

- 처음 한 번은 괜찮음.
- 사정 직전에 빼면 됨. 혹은 밖에다 싸면 됨.
- 질 밖에 쌌으니 괜찮음.
- 오르가슴을 안 느끼면 괜찮음.
- 생리 중이거나, 생리 전후 하루 동안은 괜찮음.
- 서서 하면 괜찮음.
- 물속에서 하면 괜찮음.
- 하고 나서 똥을 싸면 괜찮음.
- 하고 나서 오줌을 누면 괜찮음.

응급 상황

응급 피임약 혹은 **사후 피임약**은 피임 수단이 아니라, 다른 피임 도구가 실패했을 때 쓰는 응급조치야. 가령, 콘돔이 찢어졌다거나 무언가 예상치 못한 일이 터졌을 때 써야만 해.

욕망에 휩쓸린 뒤, 만약의 사태에 대비해 다음 날 아침에 약국에 가서 사후 피임약을 사 먹는다? 이건 절대 권할 일이 아니야. 우선, 성병에 무방비로 노출된 거야. 게다가 사후 피임약을 남용하는 것은 좋지 않아. 사후 피임약은 호르몬 폭탄이라 불릴 정도로 호르몬 함량이 높아서 부작용이 심해. 피로, 메스꺼움, 두통, 어지럼증 같은 온갖 부작용이 나타날 수 있고, 심지어 생리 주기가 교란될 수도 있어. 가격이 비싼 것은 두말할 것도 없고. 사후 피임약은 절대 피임 수단이 아니야.

불안정한 피임법들

어떤 사람은 성병 걱정을 하지 않아. 믿음직한 파트너가 있거나, 그럴 만한 다른 이유가 있어. 아무튼 많은 사람은 임신만 안 하면 그만이라고 생각해. 어쨌든 그다지 좋은 관행이라고는 할 수 없어.

혹시 월경 주기법이나 자연 주기법이라는 말을 들어봤을지도 모르겠는데, 배란일을 피해서 섹스를 하는 기법이야. 월경 주기가 상대적으로 더 불규칙한 젊은 **여성에게 권할 만한 방법이** 아니야. 월경 주기는 기초 체온에 따라 달라져. 기초 체온은 푹 쉰 상태에서 잰 체온인데, 기초 체온을 측정하려면 기초 체온 측정용 체온계가 필요해. 일반 체온계보다 더 정확하거든.

기초 체온에 영향을 주는 요소는 많아. 잠을 잘 자지 못했다던가, 술을 마셨다던가, 체온계를 바꿨다면 기초 체온이 다르게 나타날 수 있어…… 또 규칙적인 생활을 해야 하는데, 지키기 쉬운 일은 아니지. 그래서 자연 주기법은 근본적으로 딱히 권할 만한 이유가 없는 방법이야. 믿을 만하지도 않을뿐더러 삶을 힘들게 한다고!

나에게서 너에게로…… 👍

우린 섹스할 때 콘돔을 써요. 그런데 남자 친구가 제가 피임약을 먹었으면 좋겠다고 해요. 그게 더 간단하다고. 하지만 피임약은 부작용이 많다고 들었거든요. 살이 찔 수도 있고, 심지어 불임이 될 수 있다고 들었어요. 너무 무서워요…… 어쩌면 좋죠? **M. R., 17**

우선, 의사에게 걱정거리를 털어놓고 상담을 받으라는 말부터 하고 시작할게. 요즘에는 피임약에 별다른 부작용이 없어. 그렇지만, 그러거나 말거나 피임약을 먹고 싶지 않다면, 먹지 마. 하지만 섹스할 때는 콘돔을 꼭 써야 한다는 사실은 잊지 마. **추시타**

제대로 해 보자
자위

갑작스럽게 이런 일이 일어날 수 있어. 작은 손길이나 야한 사진, 은근한 메시지 때문에…… 몸의 소중한 부분에서 전에 없던 **무슨 일이 일어난 거지.** 이상한 기분이 들 거고, 무슨 일이 일어났는지 이해하기 힘들 거고, 좋은 일인지 나쁜 일인지도 알 수도 없을 테지만…… 아무튼 너는 이 새로운 감각을 탐구할 필요가 있어. **쫄지 마.**

프라이버시가 지켜질 때가 좋아. 다른 사람이 다 잘 때…… 네 방이나 화장실에서, 혹은 침대 위에서 이불을 덮은 채로, 자신을 만져 봐. 그러면서 네가 뭘 좋아하는지, 어떻게 하면 기분이 좋아지는지, 나아가 뭘 싫어하는지 알아봐. **네겐 건강한 온전한 몸이 있다고.**

자신을 애무해봐. 귀와 목, 입술, 가슴을 쓰다듬어 봐. 이것이 흥분하게 하고, 더 원하게 될 거야.

자신을 알아가는 좋은 방법은 **조금씩** 나아가는 거야. 처음 자위를 할 때는 짤막하게 해도 괜찮아. 아예 내일 하자고 미뤄버려도 좋고. 아무런 문제가 없어. 이건 너만의 은밀한 일이니, 네가 원하는 속도로 진행하면 돼.

전권을 쥔 사람은 너야.

 슬랭

자위

용두질   "자신만의 시간" 갖기
셀프 만지기   딸치기

여성 자위

요분질
손장난하기
야바위치기
연꽃 예뻐하기   보지 만지기

남성 자위

딸딸이   용두질
수음   손가락장난   비역
대머리까기

상호 자위

손가락 박기
대딸 쳐주기   귀여워해주기
젓가락 놀이 하기

신화와 오해 ✋

추시타가 바로잡아 주겠어.

"자위하면 반점이 생기고, 손에 털이 나고, 심지어 눈이 멀 수도 있다……"
아니거든! 네 증조모님께서 그런 소릴 하셨는지는 모르겠는데, 요즘엔 누구나 자위란 즐겁고, 건강에도 좋다는 사실을 다 안다고.

"여자는 자위하지 않는다."
뭣이 어째? 여자도 자위하거든. 여자가 안 하는 게 뭔지 알아? 돌아다니면서 자위했다는 떠벌리고 다니지 않지.

"무엇이든 남자를 흥분케 할 수 있다."
남자만 그런 게 아니야! 남자는 주로 시각적 자극에 흥분하는데, 그래서 성적으로 흥분하는 경우가 더 많은 편이야. 여자는 주로 상상에 의해 흥분하는 경향이 있어서, 좀 더 은밀하게 흥분하는 편이고.

"남자는 여자보다 더 자주 (그리고 더 빨리) 자위한다."
꼭 그렇지는 않아…… 자위를 싫어하는 남자도 있고, 자위를 좋아하는 여자도 있어. 그리고 자위하는 시간도 사람마다 제각각이야. 절정에 달하고 싶다는 생각만 해서는…… 매번 절정을 느끼기 어려울걸.

"자위를 안 하는 사람은 이상한 사람이다."
대체 뭐가 이상해? 자위해야 한다고 헌법에 나오나? 싫으면 안 하는 거지. 간단한 얘기고만.

"자위하는 이유는 파트너가 없기 때문이다. 상대가 있다면 자위할 필요가 없다."
절대 아니야! 파트너가 있다고 자위를 그만두진 않아. 오히려 그 반대에 가까워. 누군가와 관계를 맺고 있으면, 여성 호르몬이나 남성 호르몬 수치가 올라가는 경우가 많아. 그러니까, 누군가와 성적인 관계를 맺고 있더라도, 욕구 자체가 늘어날 수도 있다는 얘기지!

온몸을 이용해서 자신을 탐험해봐.
교제와 섹스는
항상 동행하지는 않아.

자위는 **자신의 성적인 면을 알아가는 좋은 방법**이야. 자위를 통해 민감하고 즐거움을 주는 부분과 성감대를 찾아낼 수 있어. 또 자신의 성적 취향을 알아내는 데도 도움이 돼. 자신이 좋아하는 것을 알려줄 뿐만 아니라 싫어하는 것을 알려주기도 하지. 너 자신을 실험할 **최고의 적임자는 바로 너야!**

게다가 자위는 훗날 맺게 될 성적인 관계를 위한 **준비**이자, 더 큰 오르가슴을 느끼기 위한 **준비**기도 해. 자신을 편안하게 느낄수록, 커플 관계를 더 즐길 수 있고, 여러 가지 실험을 함으로써 더 큰 즐거움을 느낄 수 있어. 자위는 **기분을 좋게 해줘.** 긴장을 푸는 데도 도움이 되고, 건강에도 좋고, 안색도 좋게 해주지. 게다가 그 밖에도 좋은 점이 많아.

나에게서 너에게로……

지난 몇 달간 저는…… 그러니까…… 자위를 해 왔어요. 자위가 잘못된 일인 것 같지도 않고, 기분도 좋은데…… 오르가슴을 느끼지 못해서 걱정이에요. 의사와 상담을 했더니, 제 나이에는 정상이라고 했어요. 그렇지만 남자 친구가 제가 오르가슴을 느끼지 못하는 게 자기 때문이라고 생각할까 봐 무서워요. 어쩌면 좋죠?
M.B., 14

오르가슴이 다가 아니야. 자위할 때 중요한 건 즐거움을 느끼는 거야. 오르가슴을 느끼면 더 좋겠지만. 아무튼 오르가슴을 느끼지 못한다고 낙심할 필요는 없어. 자위할 때 다른 테크닉이나 방식을 써 보는 게 어때? 오르가슴을 느껴야 한다고 스트레스를 주지 말고.
추시타

여성의 자위

성적으로 흥분했을 때, 여자가 할 수 있는 최선은 자신의 **상상력에 고삐를 풀고 내버려 두는 거야.** 상상의 시나리오를 만들고 공상을 시작해봐! 어떨 때는 부끄러운 기분이 들겠지만, 프라이버시가 보장되는 곳에서 시간을 보낼 수 있다면야⋯⋯ **자기 자신을 부정할 필요 없어!**

자신을 탐험하고, **몸과 같이 놀아 봐.** 즐거움을 추구하는 것은 자연스러운 일이라고. 우선 옷 위에서 몸을 만지면서, 옷이 몸을 문지르는 감촉을 느껴봐. 때로는 젖꼭지를 가볍게 쓸어내리거나 다리를 꼬는 것만으로도 **즐거움을 느낄 수 있어.** 속옷을 입었든 그렇지 않든 말이야. 어떤 여자애들은 부드러운 장난감이나 베개를 이용하기도 하는데, 둘 다 누군가를 껴안는 상상을 하고, 가슴이나 다리를 문지르는 용도야.

여자는 어떤 식으로 자위할까?
가장 은밀한 곳을 **손으로 만질 때는,** 살살 만지는 편이 좋아. 그러면서 어떤 느낌이 드는지 알아보는 거지. 가슴을 즐기고, 젖꼭지를 가지고 놀아 봐. 손바닥으로 치골을 눌러 보고, 음모를 가지고 놀아보고, 음부를 느껴보고, 대음순을 벌려보고, 소음순을 만져보고, 클리토리스가 그 모습을 드러내도록 해봐.

몸을 만지기 시작하면, 질이 젖을 거야. 천연 윤활액인 애액이 나오는 거지. 애액은 성적으로 흥분했을 때 일어날 수 있는 일을 수월하게 해줘. 충분히 젖지 않을 때는 아프거나 불편한 기분을 느낄 수 있어. 그럴 때는 손가락에 침을 묻히고 계속해봐.

충분히 젖지 않았다면,
손가락에 침을 묻히고 계속해.

BY
추시타

> 🔥 클리토리스는 평소에 숨어 있지만, 성적으로 흥분하면 그곳이 촉촉해지고 크기가 커지면서 발기해. 클리토리스의 유일한 기능은 쾌감을 주는 거야. 클리토리스는 빠르고 강하게 반응하는 기관이야. 그래서 때로는 직접 만지기 어려울 정도로 예민할 수도 있어. 클리토리스를 향해서 서서히 애무를 이어나가는 게 좋아. 자기 몸을 기분 좋은 방식으로 마사지하고 어루만지면서 가지고 놀아봐.

클리토리스 자위부터 질 자위까지

여성의 자위에는 클리토리스 자극과 질 자극이 포함돼. 어떤 여자들은 둘 가운데 하나를 더 선호하고, 또 어떤 여자들은 둘 다 좋아하지. 각자 취향이 있으니까 말이야. 네게 무엇이 가장 좋은지 알아내기 전까지는, **여러 가지 시도를 해보는 게 중요해!**

클리토리스는 여성의 몸에서 가장 관능적인 즐거움을 주는 부분이야. 시작하기 전에 두 가지 사항을 유념해야 해. 첫째, **클리토리스는 오직 쾌감을 위한 기관이야.** 둘째, 클리토리스는 엄청나게 예민하고 섬세한 기관이야. 그러니 클리토리스를 대할 때는 차분하고 부드럽게 다가가야 해.

질의 주변부, 그러니까 질 입구 역시 **예민한 곳**이야. 이곳을 어루만지면 촉촉해지면서 삽입이 수월해질 거야. 질 자위하는 일반적인 방법은 우선 검지나 중지 중 하나를 질 안쪽에 삽입하고, 손가락을 원을 그리는 방식으로 움직이는 거야.

취향에 맞는 자세를 찾아봐. 좋은 기분이 든다면, 손가락을 몇 개 더 삽입해 봐. 지스팟의 신비를 밝혀내고야 말겠다는 생각은 일단 접어 둬. 지스팟은 질 안에서 어디가 어딘지도 몰라 헤매는 상태에서 쉽게 찾을 수 있는 곳이 아니야. 자신을 알아가다 보면, 질과 클리토리스를 동시에 자극할 수 있을 거야. 그리고 **자세에 따라** 느낌이 어떻게 변하는지도 알게 될 거고. 눕거나, 서거나, 엎드리거나, 쪼그려 앉거나…… 여러 가지 시도를 해 봐. **욕망의 실험을 즐겨 보라고.**

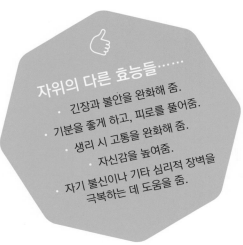

자위의 다른 효능들……
- 긴장과 불안을 완화해 줌.
- 기분을 좋게 하고, 피로를 풀어줌.
- 생리 시 고통을 완화해 줌.
- 자신감을 높여줌.
- 자기 불신이나 기타 심리적 장벽을 극복하는 데 도움을 줌.

오르가슴에 도달하거나…… 그렇지 않거나

처음에는 오르가슴을 느끼는 게 진짜로 무서울 수 있어. 걱정하지 마. 자위의 목적이 오르가슴에 도달하는 것일 이유도 없고, 네가 느끼는 **즐거운 감각**은 점점 커지기 시작할 거야. 또 연습하면서 자위를 잘할 수 있게 될 거고. 그래서 **전혀 예상하지 못한 순간**에 오르가슴을 느끼는 건 자연스러운 일이야. 몇몇 전문가들은 고작 4분 만에 오르가슴에 도달할 수 있어. 오르가슴을 연속으로 느낄 수 있는 전문가들도 있고.

아침에 약속이 있어,
나가 있어야 할 것
같아! 늦을 것 같구나.

xxx ♥

...

어젯밤······

그러니까,
지난번에 말이지···

난 침대에
누운 채로 베개로
그걸 했어.

난 영화에서
섹스신을 보다
가 그랬어.

난 샤워
하면서······

크르륵!

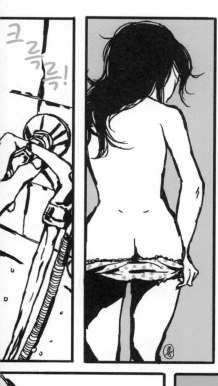

남성의 자위

광고, 도발적인 사진, 영화의 섹스신 등 등…… 남자는 **시각**에 의해 쉽게 흥분해. 자 위를 할 때는 사적인 곳에서 하고, **자신의 즐거움을 찾는 시간을 가져.**

자위는 단순히 긴장을 풀거나, 주기적으로 해야 하는 틀에 박힌 일이 아니야. 자위는 흥분했을 때만 하고, 몸에서 **나타나는 다른 반응**을 보면서 천천히 진행해.

편견 없이 하는 자위는 네가 뭘 좋아하고 뭘 좋아하지 않는지 알아내는 데 도움이 돼. 그 리고 훗날 다른 사람과 공유할 성 경험을 대 비하는 데도 도움이 되고.

☺

남자는 어떤 식으로 자위할까?

남성 자위에서 맹활약하는 건 음경만이 아니야.

배를 쓰다듬어 보고, 젖꼭지를 자극해 봐. 성기를 비롯해 **몸 구석구석을 탐험해봐.** 새로운 감각을 느끼는 데 도움이 될 거야. 윤활제를 쓰면 마찰이 줄어들면서 덜 아플 거야. 침을 써도 좋고, 전용 제품을 써도 좋아. 민감한 곳이니까 조심해야 해.

흥분했을 때 발기가 일어나는 건 자연스러운 일이야. 주로 쓰는 손을 이용해서 귀두를 가지고 놀아보고, 포피를 벗기고 음경을 부드럽게 어루만져 봐. 그리고 음경을 쥔 채로 위아래로 흔들어 봐. **속도와 압력을 조절해가면서.**

다른 손으로는 고환을 만지거나, 사타구니를 어루만지거나, 또 하나의 중요한 성감대인 항문에 손을 뻗을 수도 있어. **자세에 따라 느낌이 달라진다**는 사실을 명심해. 서서도 해보고, 앉아서도 해보고, 누워서도 해보고, 옆으로 쪼그리고 누운 자세인 태아 자세로도 해봐. 여러 가지 자세로……

탐구해 보라고!

삽입감

실제로 삽입하면 어떤 느낌일까? 많이 궁금할 거야. 그 느낌을 알고 싶다면, 손을 고정한 상태에서, **성기에 힘을 집중하고,** 골반을 앞뒤로 흔들어 봐.

어떤 사람은 베개를 써서 자위하는데, 위생적인 방법은 아니야. 또 어떤 사람은 수건을 돌돌 말아서 쓰는데, 이때 긁히는 일을 방지하기 위해 콘돔을 써. 수건은 나중에 세탁하면 되니 간편하지. 스펀지 두 개를 겹친 다음에 구멍을 뚫어서 쓰는 사람도 있어. 창의력을 발휘해 봐…… 네 선택이니까.

오르가슴

오르가슴을 굳이 재촉할 느낄 필요는 없잖아? **절정이 가까워질 때,** 속도를 늦추면서 심호흡해봐. 사정을 늦추는 데 도움이 될 거야. 그러면 계속해서 즐거운 자극을 받을 수 있을 거고…… 뭐, 절정을 더 빨리 느끼고 싶다면 속도를 빠르게 할 수 있겠지만 말이야.

사정한 다음에 고환을 누르면 **즐거운 해방감**을 느낄 수 있어.

손으로 쥐는 법

고전적인 방식: 새끼손가락이 음경 뿌리 쪽에 오게 하고, 손가락을 전부 써서 음경을 쥔 뒤, 손을 위아래로 리드미컬하게 움직이는 방식.

낯선 방식: 펜을 쥐는 손을 쓰는 대신 반대쪽 손을 쓰는 방식. 익숙하지 않은 손이다 보니 꼭 다른 사람이 해주는 듯한 느낌을 받을 수 있음.

세 손가락만 쓰는 방식: 음경 위쪽 부분에 엄지손가락을 올려놓고, 반대편에 검지와 약지를 올린 다음, 뿌리부터 포피까지 위아래로 움직이는 방식.

담요를 이용하는 방식: 담요로 음경을 덮은 다음, 위에서 언급한 방식 중 마음에 드는 방식으로, 담요 위에서 음경을 쥐는 방식.

쓰는 방식: 음경에 콘돔을 씌운 뒤 콘돔 위로 음경을 쥐고 자위하는 방식. 삽입할 때와 비슷한 느낌을 받을 수 있음.

일반적인 자위 형태

아침 텐트: 잠은 남자를 세우는 법. 단단한 채로 일어났다면, 세상에 나가기 전까지, 있는 시간을 최대한 활용해 봐. 하루를 위해 에너지를 충전하라고!

말끔한 해결책: 물은 모든 것을 매끄럽게 하는 법. 샤워하는 동안, 물을 윤활제로 쓰면 일이 수월할 거야. 분명 상쾌하고 개운한 느낌을 받을걸!

게으른 소년: 게으른 소년은 〈나 홀로 집에〉 시리즈의 주인공인 케빈 맥콜리스터라고도 불려. 왜냐면, 〈나 홀로 집에〉 있는데, 딱히 할 일도 없고 심심할 때 하는 일이니까. 100% 확실하게 혼자서 재미를 보는 방법!

잠 못 이루는 밤: 한밤중에 잠이 지지리 안 온다면…… 그게 긴장을 풀고, 잠에 푹 드는 데 도움이 될 거야.

☹ 수그러들었어요.

너무 빨리 사정했다고, **좌절하지 마**. 처음 몇 번은 그럴 수 있어. 긴장해서 그래. 연습과 자위가 **사정을 조절**하는 데 힘이 될 거야. 사정을 늦출 수 있어. 너는 조금씩 조금씩 오래가는 남자가 될 거야!

나에게서 너에게로……

여자 친구가 자위를 너무 많이 해요. 그래서 저랑 사랑을 나눌 생각은 점점 없어지나 봐요. 어쩌면 좋죠? **O. F., 17**

여자 친구랑 대화해 봐! 자위를 너무 많이 하는 사람은 없어. 누구나 필요한 만큼 자위를 한다고. 둘이 함께 성생활의 질을 높여 줄 새로운 방식을 시도해 보는 편이 좋겠어. 그러니 여자 친구와 얘기를 나누고, 새로운 걸 시도해 보자고 말해봐. **추시타**

세상에!

자기 자신을 탐험해봐.
몸을 가지고 놀고, 즐거움을 찾는 것은
자연스러운 일이야.

BY 추시타

함께하는 자위

파티에서, 여러분이 기대 안 하지는 않았는데, 또 약속 잡은 데이트를 영원히 기다려야 할 때 일어날 수 있어. **좋아하는 사람과 키스**하고, 껴안고, 함께 열기에 휩쓸렸지만…… 끝까지 가고 싶지는 않을 때가 있어. 이때가 애무의 세계에 입성하게 되는 거야. 여기에 온 걸 환영해. 애무는 가장 흔히 하는 **전희**야.

그 무엇도 강요하지 마. 한 사람이라도 애무하고 싶지 않다면, 하지 마. 그렇다고 해서 상대한테 쌀쌀맞게 굴 필요는 없어. 그럴 만한 일이 아니야. 이런 일에는 두 사람 모두의 **동의와 의사**가 필요해. 프라이버시가 보장되고, 두 사람 모두 편한 환경이 갖춰지면 더 좋고. 서로를 탐험하는 건 **크나큰 만족을** 주는 일이야…… 그러니 즐겨!

서로를 만지고 의사소통하기

처음으로 누군가를 만지거나, 누군가에게 애무를 받을 때는 그 **어느 때보다도 사려 깊게 행동해야 해.** 먼저, 키스는 오래 해도 좋고, 입을 넘어서 목이나 귓불에 키스해도 좋아…… 서로를 강하게 끌어안는 것은 두 사람 모두 서로를 더 애무하고 싶다는 마음을 보여주는 확실한 신호야. 그러면 **한 사람이 더 은밀한 곳을 향해 서서히 애무를 이어가는 거지.** 처음에는 옷 위로 애무하고, 그다음에는 천천히 옷 안쪽을 애무해.

무턱대고 영화에서나 본 테크닉을 쓰려고 들지 마. 애무는 손가락을 집어넣거나 손을 위아래로 움직이기만 하면 되는 단순한 게 아니야. 최고의 애무는 **차근차근 나아가는 거야.** 파트너의 반응을 보고, 자신이 받은 감각을 느끼고, 지금 하는 일이 즐거운지 확인하면서 하는 애무 말이야. 자신이 뭘 좋아하고 뭘 싫어하는지 말하는 건, 더 즐거운 애무를 하는 데 도움이 돼. **상대를 믿고, 유머 감각을 발휘하면서,** 네 취향을 전달해봐.

몇 가지 테크닉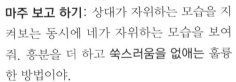

마주 보고 하기: 상대가 자위하는 모습을 지켜보는 동시에 네가 자위하는 모습을 보여줘. 흥분을 더 하고 **쑥스러움을 없애는** 훌륭한 방법이야.

번갈아 하기: 상대방을 기쁘게 하는 데 집중하고, 쾌감을 느끼는 상대를 보는 데서 즐거움을 느끼고, 그다음에는 차례를 바꿔서 하는 방식이야. **서로를 알아가는** 관능적인 경험이지.

동시에 하기: 상대를 애무하는 동시에 상대에게 애무를 받으면, **강렬한 감각에 휩싸이게 돼.** 서로를 더 잘 이해할 수도 있고. 초심

자를 위한 주의사항이 하나 있어! 자신이 완전히 흥분했더라도, 상대의 흥분하는 속도가 다를 수 있으니까, 항상 상대방의 상태를 체크해야 해.

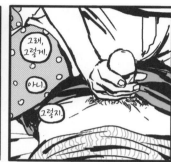

⚠ 규칙

- 손을 씻을 것!
- 충분히 젖었는지 확인할 것. 윤활액이 부족하다면 침을 쓰거나 향이 나는 윤활액을 써볼 것.
- 목표를 정하는 것이 아니라, 서로 즐기는 것이 중요함.
- 두 사람 모두는 규칙을 만들 권리가 있으며, 즐겁지 않을 때는 끝낼 수 있는 권리가 있음.
- 서로를 이해하는 데서 즐거움을 찾을 것!

이성의 몸

성별이 다른 사람의 몸을 처음으로 탐험할 때는 분명 그 느낌이 어떨지 알 수 없는 상태야…… **태어나면서 처음부터 아는 사람은 없어!** 조금씩 조금씩 알아가는 편이 좋아. 음경과 음부, 고환과 질, 항문을 탐험하며 서로의 몸과 느낌이 어떻게 다른지 알아봐. 그리고 두 사람 모두 즐거워야 해. 애무에서 중요한 건 바로 그거니까.

동성의 몸

성별이 같은 사람의 몸을 탐험할 때는 **자신이 가장 좋아하는 방식**을 써 볼 수 있어. 항상 성공한다는 보장은 없지만, 자신이 자위할 때 선호하는 방식을 파트너에게도 시험해 보는 거지. 그렇지만 자위를 잘하는 완벽한 방법은 없어. 한 사람이 선호하는 방식이 다른 사람을 불쾌하거나 아프게 할 수도 있어. 그러니 항상 사려 깊게 행동하고, 해도 괜찮은지 물어보면서 진행해야 해.

가장 중요한 것은 상대의 반응을 보는 거야. 그리고 계속할지…… 새로운 걸 시도할지 정하는 거지!

여성을 즐겁게 하기 ♀

여성의 바지 속에 손을 넣고 그곳을 탐험할 때는 섬세함이 필요해. 거친 움직임은 피하고, 부드럽게 움직여야 해. **여자를 간지럽힌다**는 생각으로 만져 봐. 대음순을 뒤덮은 음모를 가지고 놀아보고, 음순 가장자리를 어루만지면서 클리토리스를 발기시켜봐. 클리토리스는 민감한 성감대인 동시에 연약한 기관이야. 그러니 상당한 주의를 기울여야 해.

질 입구 역시 예민한 곳인데, 이곳을 어루만지면 애액이 나와. 여자의 몸에서 자연 윤활액이 나오면서 손가락을 집어넣어도 아프지 않은 상태가 되는 거지. **여자의 반응을** 살펴봐. 기분이 어떤지도 물어봐. 만약 별로 즐거워하지 않는 듯하다면 멈추는 편이 나아. 여자가 좋아한다면? 그러면 손가락을 몇 개 더 집어넣어 보거나, 반대편 손을 이용해서 탐험을 이어나가도 좋아.

남성을 즐겁게 하기 ♂

남자의 바지 속에 손을 넣고 다리 사이에 있는 불룩한 곳을 탐험하려면 용기가 필요해. 남자가 충분히 흥분하지 않은 상태라면, 음경이 늘어져 있어. 반대로 충분한 자극을 받은 상태일 수도 있고. 손을 펼친 채 음경을 부드럽게 어루만지고, 고환을 만지고 귀여워해 봐…… 조금씩 조금씩 **남자의 음경이 단단해지는 것을** 느낄 거야.

손에 윤활제를 바르면 음경을 더 쉽게 마사지할 수 있어. 보통은 끝부분(귀두)을 먼저 어루만지면서 서서히 아래로 내려오고, 남자가 흥분할수록 속도를 올리는 식으로 해.

고환을 어루만져도 좋아. 남자가 좋다면, 반대쪽 손을 써서 탐험을 이어나가도 좋아.

오르가슴?

"자위(Masturbation)"라는 말은 마누스 투르바레(Manos Turbare)라는 라틴어 문구에서 왔어. 손으로 자극하다 혹은 손으로 흥분하다는 뜻이야. 정말 좋아하는 사람 곁에서, 자신의 손길을 느끼며 흥분하는 건, 분명 해볼 만한 일이야. 만약 오르가슴을 느낀다면? 더할 나위 없이 좋고! 그렇지만, **오르가슴을 항상 느낄 수 있는 것은 아니야.** 커플 사이에서는, 두 사람 가운데 누구도 오르가슴을 느끼지 못할 수도 있고, 한 사람만 느낄 수도 있고, 둘이 동시에 오르가슴을 느끼거나, 따로 순차로 오르가슴을 느낄 수도 있어. 여러 일이 일어날 수 있다고!

몹시 흥분했지만 스스로 세운 정신적 장벽 때문에 **절정**에 도달하지 못할 수 있어. 정신적 장벽 때문에 통증을 느끼는 여자들도 있고, 발기하지 못하는 남자들도 있지. 어떨 때는 전희가 완벽했는데도, 오르가슴을 느낄 수 없거나, 빨리 사정하기도 해.

이 문제는 인내심과 유머 감각을 발휘하여 침착하게 대처해야 해. 지금 안 됐더라도, 나중에는 될 거야. **그 무엇도 억지로 하려 들지 마.** 경험이 쌓이고, 서서히 서로를 알아가면서 해결될 문제야.

함께
서로에 관해 알아보자

누군가에게 끌리는 순간, **완전히 새로운 세상**이 펼쳐져! 열망과 장난기가 가득한 초기 단계에서 첫 키스까지, 처음 친해지는 단계에서, 처음으로 서로의 몸을 탐험할 때까지, 온갖 일이 펼쳐지지. 네가 좋아하고 또 너를 좋아하는 사람과 함께하는 것은 그 자체로 보상이야. 둘이서 멋진 시간을 보낼 수 있으니까.

관계⋯⋯ 이게 뭘까?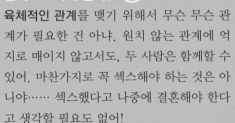
육체적인 관계를 맺기 위해서 무슨 무슨 관계가 필요한 건 아냐. 원치 않는 관계에 억지로 매이지 않고서도, 두 사람은 함께할 수 있어. 마찬가지로 꼭 섹스해야 하는 것은 아니야⋯⋯ 섹스했다고 나중에 결혼해야 한다고 생각할 필요도 없어!

누군가와 가까워지는 이유는 여러 가지야. 어떨 때는 호기심이나 **"시험 삼아 한번 만나볼까?"**라는 마음일 수도 있어. 또 어떨 때는 두 사람이 서로에게 끌려서 그럴 수도 있어. 그리고 때로는, 사고방식과 **욕망**, 두 사람 사이에서 새롭게 꽃핀 감정이 하나로 합쳐지고 표출되면서 누군가와 가까워질 수도 있어. 그런 일이 정말 있다니까.

온라인?
소셜미디어는 우리를 타인들에게 쉽게 연결해. 이건 때때로 **끝내주는 일이야.** 네가 좋아하는 사람의 사진을 보거나, 그 사람의 친구가 누구인지 보거나, 그 사람이 뭘 좋아하는지 알아낼 수 있지⋯⋯ 그렇지만, 누군가의 프로필을 분석하려고 들진 마. 나중에 큰코다칠 수 있거든. 온라인에서 비치는 사람의 모습이 항상 현실의 모습과 일치하는 것은 아니야. 그러니 그 사람의 현실에서의 성격과 **취향이 드러나게 하는 게 중요해.**

인터넷은 누군가와 소통하기에 완벽한 곳이야. 메시지를 보내고, 시시덕거리기에 딱 좋지. 그렇지만 항상 경계심을 늦춰선 안 돼. 인터넷은 **엄청난 위험이 도사리고 있는 곳**이기도 하거든. 온라인에서 누군가와 대화를 주고받으면서 낯뜨거운 사진이나 메시지를 보내는 행위는 자신의 가장 내밀한 부분을 타인의 손에 넘기는 행위야. 상대를 믿는다고 해도, 이런 일을 할 때는 극히 조심해야 해. 그 사람이 아닌 다른 누군가가 그걸 볼 수도 있고, 다른 누군가가 네가 사용하는 기기에 몰래 접속해 있는지도 모르잖아. 그리고 그 사람과 관계가 끝나면 무슨 일이 일어날지 그 누가 알겠어? 네가 보낸 사적인 메시지는 휴지통에 들어갈 수도 있지만⋯⋯ 소셜미디어를 통해 만천하에 공개될 수 있다고!

신화와 오해 ✌

추시타가 바로잡아 주겠어.

"남자들은 센 여자를 좋아한다."

아, 그러셔? 나 같으면 그런 여자가 무서울 거 같은데! 남자들이 남자를 갖고 놀 것 같은 센 여자에게 헤어나오지 못한다는 말은 거짓말이야. 그리고 여자들은 매력적으로 보이고 싶다고, 일부러 센 척할 필요가 없어. 사람에겐 각자 취향이 있고, 누구에게나 자신만의 행동 방식이 있어. 자신의 본모습을 보여주는 게 최선이야.

"작업을 걸 때는 바보 흉내를 내서 웃겨야 한다."

그럴 수도 있지만, 반드시 그럴 필요는 없어! 바보짓을 할 수 있다면 차라리 머리를 써봐. 그렇게 해도 원하는 바를 이룰 수 있을 거야!

"혀를 쓰는 키스는 더럽다."

키스 나름, 사람 나름이지! 입 냄새가 날 때 혀를 누군가의 목구멍 깊숙이 밀어 넣는 건 분명 아니지.…… 그렇지만 열정적인 프렌치 키스를 하면 등뼈를 타고 전율이 일어난다고! 프렌치 키스는 그냥 침만 교환할 뿐이야.

"누군가에게 자신의 "그곳"을 만지도록 허락했다면, 끝까지 가야만 한다."

거기, 동작 그만! 한번 누군가에게 몸을 만져도 좋다고 허락했다고, 이후로 절대 브레이크를 밟으면 안 된다는 게 말이 되니? 그때는 그러고 싶었지만, 나중에 생각이 바뀔 수도 있잖아. 네 금지선은 네가 긋는 거야. 그리고 파트너는 그걸 존중해야 해.

"누군가와 사귈 때는 다른 사람과 놀아나면 안 된다."

뭐, 맞는 말이긴 해. 그런데 그건 네가 파트너와 어떤 관계를 맺기로 합의했느냐에 달렸어. 또 네가 뭘 원하느냐에 달려 있고. 욕망이란, 전혀 예상하지 못한 순간에 홀연히 나타나는 법이니 말이야! 심지어 어떤 사람에게 완전히 빠진 순간에도, 때로는 다른 사람과 하고 싶은 욕망이 생길 수 있어. 이런 충동이 생겼을 때 어떤 결정을 내리느냐는, 네가 파트너와 합의한 바에 따라 달라져야 해. 파트너의 감정을 배려하는 건 중요한 일이니까.

관계를 정의 내리려고 할 때는 조심해야 해. 고민하면 할수록 두 사람 모두 더 내빼고 싶어질 테니까.

BY 추시타

거기 두 사람, 서로의 열기가 느껴져?

파트너가 너를 완전히 달아오르게 해. 그리고 너도 파트너를 완전히 달아오르게 하는 것 같아. 그런데, 정말 둘 다 제대로 달아오른 걸까? 테스트를 마치고, 숫자를 더해서, 두 사람의 온도를 확인해 봐!

나는 그 사람을 보면……
1° 얼굴 보니 좋네. 이제 가자.
2° 키스하고 싶어 미치겠다!
3° 그 사람에게 온몸을 던지고, 붙잡은 뒤 놔주지 않는다.

그 사람은 나를 보면……
1° 반가워하며 다가온다.
2° 미친 듯이 키스하고 싶어 한다!
3° 온몸을 던져, 나를 붙잡고 놔주지 않는다.

함께 있을 때, 그 사람은……
1° 수줍어하며 뜸을 들인다.
2° 과하지 않은 선에서 애정을 표현한다.
3° 로맨틱하다. 항상 나를 껴안을 기회를 노리고 있다.

두 사람이 데이트를 시작한 뒤로……
1° 서로에 관해 조금 더 알게 되었다.
2° 둘이 같이 붙어 잘 지낸다.
3° 키스를 멈출 수 없다!

키스할 때는……
1° 뽀뽀나 하는 정도다.
2° 로맨틱한 키스를 한다.
3° 오랜 시간에 걸쳐 열정적으로 키스한다.

잘 가라는 인사를 건넬 때, 두 사람은……
1° 곧 다시 연락하겠다고 한다.
2° 다음 데이트 약속을 잡는다.
3° 5분 뒤 메시지를 주고받으며, 벌써 보고 싶어 미치겠다고 이야기를 늘어놓는다.

결과

(7°에서 10°사이) ❄
아무 일도 없네.
너네 너무 차갑다. 관계를 한 걸음 더 진척하거나… 다른 사람을 찾아봐!

(11°에서 14° 사이)
좋아하는 티가 나는군!
서로에게 끌리는 건 분명한데… 누가 먼저 선수를 치려나? 더 깊은 관계가 되고 싶다면, 누군가가 먼저 행동해야 할 것 같은데!

(15°에서 18° 사이)
뜨끈뜨끈하네!
맨날 붙어서 히히히거리고, 사소한 일로도 즐거워하네. 키스도 자주 하고, 함께하는 재밌는 일도 많은데…… 해도 해도 더 하고 싶나 봐!

(19°에서 21° 사이) 🔥
완전 불이 활활!
둘이 함께할 기회를 놓치지 않는 걸 보니, 서로에게 완전히 빠진 게 분명해. 뭘 기다리고 있어?

욕망 😊

욕망은 자연스럽게 일어나는 감정이야. **욕망이 일어나는 순간을 통제할 수는 없어.** 욕망은 그냥 일어나. 누군가에게 빠지면, 둘 사이에서 무슨 일이 벌어졌으면 하는 욕망이 생겨. 키스하고 싶다던가, 사귀는 사이가 되고 싶다던가…… 혹은 다른 무언가를 원하게 되는 거지! 그렇지만, 적어도 그 사람의 마음을 확인할 때까지는 네 욕망을 조절하려고 노력해야 해.

누군가를 좋아하더라도, 그 사람에게 좋아한다는 사실을 고백하지 않겠다고 결심할 수 있어. 심지어 그 사람을 향한 열정으로 가슴이 미어질 것 같으면서도 말이야! 그렇지만, 누군가 좋다면, 아주 조금이라도, 그 마음을 보여주는 편이 나아! **자제심이** 필요한 데는 몇 가지 이유가 있어. 우선, 자제심이 있어야 그 사람에게 거절당할까 봐 두려워하는 마음을 이겨낼 수 있잖아. 둘째로, 자제심이 있어야 **나중에 후회할 일을 안 할** 수 있어.

> 😲 **그거 알아……?**
> 영화 〈인디아나 존스: 레이더스〉에는 주인공이 온통 주인공에게 반한 학생들 사이에서 강의하는 장면이 있어. 한 학생은 눈꺼풀에 "사랑해요"라고 적고 실제로 관심을 끌려고 시도하는데…… 결국 존스를 질리게 했을 뿐이야!

욕망의 대상

욕망과 **욕망에 뒤따르는 성욕**은 달라. 성욕을 느낄 때는, 그저 잠시 상대에게 끌린 것일 수 있어. 그래서 전에 한 번도 그런 식으로 생각한 적이 없는 사람이 대상일 수 있지. 그렇지만 네가 성욕을 느낀 건 그 사람 때문이 아니야. 오히려 성욕을 느낀 순간에 그 사람이 우연히 네 앞에 있었던 것에 가까워. 욕망과 마찬가지로, 성욕도 그냥 일어나. 성욕에는 아무런 문제가 없어. 그렇지만 성욕을 느낄 때는 조심해야 해. 그리고 다른 사람이 너를 보며 성욕을 느낄 수도 있다는 사실을 잊지 마.

또 욕망이 꼭 사랑을 의미하지는 않는다는 사실도 잊지 마. 누군가를 사랑하지 않으면서도, 강렬한 욕망에 휩싸일 수 있어. 물론 욕망이 더 길고 깊은 관계를 향한 첫 단계일 수는 있지만 말이야.

그래서 대답은 언제?

모든 일이 그렇듯, 대답에는 **시간**이 필요한 법이야. 좋은 일과 마찬가지로, 좋은 대답에는 시간이 더 많이 필요하기 마련이기도 하고. 관계를 얼마나 강렬하게 느끼느냐는 사람마다 전부 다르다는 사실을 명심해야 해. 그러니 너 자신에게 귀를 기울이고, 상대에게 귀를 기울이는 편이 좋아. 그리고 좋은 소식이 날아오면 "썸타기" 장을 읽어봐!

대답 없는 그대여……

네가 바라는 사람이 너를 원치 않을 때, 좌절감을 느끼는 건 정상이야. 그렇지만, **결국에는 이겨낼 거야.** 자신을 좋아해 줄 사람은 영영 없을 거라고 상상하면서, 그 상상이 사실이라고 자기 자신을 설득시키려 들지 마. 자신을 고문하지 말라고. 아무런 도움도 안 될뿐더러 정말 그런지도 알 수 없어.

반대로 누군가가 너를 원하고, 그 사람이 네게 고백했는데, 너는 그럴 마음이 들지 않는다면…… 처음부터 그 사실을 **분명하게** 표현해! 누군가를 억지로 좋아할 방법은 없어. 괜히 이런저런 핑계로 상대가 헛된 기대를 품게 하지 마. 헷갈리게 하지 말란 말이야. 상대는 실망하겠지만, 최선은 솔직한 심정을 가능한 한 상냥하게 말하는 거야. 네가 누군가에게 거절당한다고 생각해 봐. 그 사람이 어떤 식으로 말해주면 좋겠어?

열병

이루어질 수 없는 상대나 불가능한 사랑, 이게 바로 사랑에 대한 열병을 이르는 말이야. 때때로 선생님이나 멘토, 자신보다 나이가 많은 높은 지위에 있는 사람에게 이런 감정을 품는 경우가 있어.

집착하지 마. 중요한 것은, 행동으로 옮기기 전에 **극도로 조심**해야 한다는 거야. 바보처럼 보이고 싶진 않을 거 아냐. 어쨌든, 긍정적인 답을 받았다고 하더라도, 이런 관계는 보통 결말이 안 좋을 수 있어. 나이 차가 많이 나고, 성적으로 성숙한 정도도 다르다 보니, 두 사람 사이의 균형을 맞추기 어렵거든. 양쪽에게 다 불편한 관계가 될 수 있다는 거지. 어떨 때는 아무것도 하지 말고 그냥 잊어버리는 게 최선일 수도 있어. 자신의 욕망을 다른 곳으로 돌리고, 다른 누군가를 찾는 거지.

나에게서 너에게로……

제일 좋아하는 밴드의 리드 싱어에게 홀딱 반했어요. 온종일 그 사람 생각만 나요. 온라인에서 그 사람 사진이 보이면 저장하고, 온종일 바라봐요. 그 사람의 소셜미디어 계정을 모조리 팔로우했어요. 그 사람이 뭘 하는지 보려고요. 제가 유명인과 사랑에 빠진 건가요?
P. L., 15

그럴지도! 그렇지만 그건 사랑이 아니고 열병이야. 그 사람은 네 존재도 모르는데, 어떻게 사랑이 이루어지겠니? 나는 네가 조만간 네 사랑에 보답해줄 수 있는 누군가와 사랑에 빠질 거라고 확신해! **추시타**

썸타기 😜

둘 다 서로에게 마음이 있다면, 작업을 걸어도 좋아. **노닥거려보고, 꼬셔보고, 끌어당겨 보라고**…… 작업을 거는 데는 수백 가지 방법이 있지만, 바람직한 결과는 단 하나뿐이야. 좋아하는 사람과 관계를 맺는 거지!

처음 작업을 걸 때는 그 순간을 **천천히 음미**하도록 해. 당장은 시간이 무척 더디게 흐른다고 느낄지도 모르지만, 실제로는 순식간이거든. 작업 초기에는 온종일 얼굴에서 미소가 사라지지 않을 거야. 머릿속에서 상대방 생각이 떠나질 않을 테니까! 틀림없이 상대도 머릿속에서 네 생각을 지울 수 없을 거야.

정말 끝내주는 기분이지!

전체 연애로 치면, 이 단계는 무척 재미있고 장난스러운 시기야. **웃을 일이 엄청 많고**……첫 키스로 이어지는 시기지! 함께 웃는 건 유대감을 형성하는 데 큰 도움이 돼. 말할 필요도 없이 이야기를 나누는 데도 활용도가 높고! 이야기를 나누고 서로를 알아갈 기회가 있다면 절대 놓치지 마.

흥미로운 사실들 😮

역사에서: 옛날 숙녀들은 마음에 드는 구혼자에게…… 부채를 건네는 식으로 마음을 전했대! 게다가 당시에는 데이트를 수락하거나, 그밖에 다른 신호를 보내는 암호도 있었다고 하네!

사진에서: 역사상 가장 유명한 키스 사진 중 하나는 화보 잡지 〈라이프〉지에서 1945년도에 2차 세계대전이 끝난 기념으로 실린 사진이야. 고국에 돌아온 선원이 간호사에게 열정적으로 키스하는 사진이지!

문학에서: 몇몇 작가들은 돈 후안에 관한 책을 썼어. 돈 후안은 스페인 전설에 나오는 사람인데, 후리지 못하는 여자가 없었대. 만나는 여자마다 죄다 마음을 빼앗겼다더라고.

영화에서: 여름 바다에서 처음 만난 소년 소녀가 사랑에 빠져. 그렇지만 여름이 끝나면서 둘은 서로를 다시는 못 만날 거라고 생각하며 헤어져. 그런데, 얼마 지나지 않아 두 사람은 다시 만나게 돼. 그리고 다시 한번 서로의 마음을 쟁취하기 위해 필사적으로 노력해! 이게 바로 뮤지컬을 원작으로 한 〈그리스〉라는 영화의 줄거리야.

동물의 왕국에서: 공작새 등 일부 새의 수컷들은 화려한 깃털을 갖고 있는데, 암컷을 유혹하는 용도야. 그리고 극락조는 깃털을 뽐낼 뿐만 아니라 구애의 춤까지 춰.

누군가와 연애를 하게 되면 **환상이 더 커질 거야**. 상대와 자주 어울릴수록, 네 바람이 하나둘씩 실현될수록, 환상도 점차 강해질 거야.

그렇지만 조심해! **환상에 너무 휩쓸리면 안 된다고!** 현실감을 잃어서는 안 돼. 그렇지 않으면 너무 과한 걸 바라다가 실망만 커.

"썸타기"

서로를 마음에 들어 하면, 연락처를 교환하고, 소셜미디어에서 친구 등록을 하고, 서로 귀여운 댓글을 남기고, 서로의 타임라인을 이모티콘으로 수놓아…… 21세기식 구애란 바로 이런 것이지! 꼭 짜릿하고 중독성 강한 게임 같다니까. 그렇지만 너무 오랫동안 이러고 있지는 마. 이건 구애의 첫 단계일 뿐이야. 온라인에서 함께 웃고 떠들면서 이모티콘과 움짤(움직이는 GIF 파일)을 주고받는 동안에도 어떻게 하면 **현실에서도 함께 웃고 떠드는 사이**가 될 수 있을지 고민해야 한다고. 학교든, 공원이든, 서로 자주 보는 곳이든, 일단 만나. 아니면 전통적인 방식으로 데이트 약속을 잡아도 좋아. 커피를 마시거나, 영화를 보거나, 뭐라도 같이 하는 거지. 이렇게 만나는 게 바로 구애의 두 번째 단계야. 키스하거나 더 깊은 사이가 되려면 **반드시** 이 단계로 넘어와야 해.

썸이라는 신호

그 사람은……
- 내게 눈을 찡긋거린다.
- 나를 쳐다볼 때 자주 눈을 깜빡인다.
- 로맨틱한 이모티콘을 보낸다.
- 내가 얘기할 때 자주 웃는다.
- 은근한 태도로 스치듯이 가볍게 터치한다.

썸이 아니라는 신호

그 사람은……
- 날 쳐다보지 않는다. 심지어 두 발자국 거리에 있어도 안 쳐다본다.
- 나보다 다른 사람에게 시선이 가 있다.
- 메시지에 답장을 보내지 않는다.
- 내게 말할 때 팔짱을 낀다.
- 최대한 나를 피하고 거리를 두려고 한다.

키스 ☺

상대가 네 욕망에 응답한다면, 조만간 첫 키스가 뒤따를 거야. 뽀뽀나 기습 키스, 술 게임으로 하는 키스가 아니라 진짜 키스 말이야. 그 맛을 꼭 봐야 한다니까. 최고의 시나리오는 양쪽 다 원하는 상태에서 최대한 빨리 첫 키스를 하는 거야.

살면서 한 번도 키스해본 적이 없었다고 해도, 온라인으로 키스하는 방법을 담은 비디오를 찾아보거나, 자기 팔이랑 키스 연습을 할 필요는 없어. 우리는 모두 키스하는 법을 본능적으로 알고 있을뿐더러 키스를 **잘못할까 봐 두려워할 필요도 없어.** 네 입술이 다른 사람의 입술과 만나는 순간, 그다음에 뭘 하면 될지 알 수 있을 거야.

키스 안내서 같은 건 필요 없어. 키스 역시 실천을 통해 향상되는 것이니까.

> ☺ **그거 알아?**
> 예전에는 공공장소에서 하는 키스는 사람들의 눈살을 찌푸리게 하는 행위였어. 20세기 말이 되어서야 사람들이 불편해하지 않게 되었지. 심지어 아직도 공공장소에서 키스를 금기시하는 사회가 많아. 가령, 미국의 아이오와주나 아랍에미리트의 두바이에서는 실제로 공공장소에서 키스를 금지하고 있어!

키스하려고 시도하는 처음 몇 번이나, 키스 경험이 충분하지 못한 상태에서는 몇 가지 사소한 문제를 겪을 수 있어. 예를 들면, 이빨이 부딪치거나, 침이 많이 나오거나, 실수로 상대를 물어버리거나, 서로의 리듬이 엇박자일 수 있어. 이런 일이 생기면, 그냥 **웃고 계속해!** 부끄러워할 필요 없어. 금방 해결될 문제니까.

세상에, 우리 키스하고 있어!

첫 키스를 하는 동안에는 조금 더 주저하는 경향이 있어. 보통은 **눈을 감고 하는데,** 그러면, 입술이 만나는 느낌과 입술이 포개지는 느낌, 입술에 전해지는 압력을 더 생생히 느낄 수 있어. 키스할 때 이어지는 것은 서로의 입술만이 아니야. 네 얼굴이 상대의 얼굴에 가까워지면서 상대의 숨결과 고동치는 숨결을 느낄 수 있을 거야.

어느 순간, 너는 **눈을 뜨고** 상대를 보고 싶다는 유혹을 느낄지도 몰라. 몇 번 그러는 건 괜찮지만, 상대를 감시하려고 들지는 마! 상대도 즐기는지 확인하는 데서 그쳐야만 해. 최상은 일어날 일이 자연스럽게 일어나도록 내버려 두면서, **매 순간을 즐기는 거야.** 어떤 좋은 일이 일어날지 확인해 보라고.

기본 준비

- 양치하거나 껌을 씹어 입 냄새를 가시게 할 것.
- 입술이 건조한 상태라면 촉촉하게 할 것.
- 불쾌할 수 있으니 키스 전에는 껌을 뱉을 것.
- 목이 마르지 않도록 미리 물을 마실 것.
- 립스틱을 너무 많이 바르지 말 것.
- 남자라면, 상대의 피부를 따갑게 할 수 있으니 면도할 것.
- 입을 크게 벌리거나, 곧바로 혀를 밀어 넣지 말 것.

나에게서 너에게로……

안녕하세요. 저는 치아 교정기를 쓰고, 좋아하는 여자애도 치아 교정기를 써요. 키스할 때 방해가 될까요?
J. M. S., 14

전혀 그렇지 않아. 치아 교정기에 끼이거나, 교정기끼리 엉키지 않도록 조심하기만 하면 돼. 그 여자애를 아무리 좋아한다고 해도, 그런 식으로 붙어 있고 싶진 않을 테니까!
추시타

키스, 2탄

첫 키스라는 벽을 넘어서면, 서로의 입을 써서 할 수 있는 게임이 끝도 없이 이어져. 서로의 열정이 커지면서, 키스는 점점 변하기 마련이고, 어느 순간 **혀를 쓰고 싶은 순간**이 찾아와. 우선은 혀끝을 부드럽게 닿게 하고, 그다음에 서서히 프렌치 키스로 넘어가면 좋아.

키스는 예술이다!

서로의 입안에서 혀를 가지고 노는 건 특별히 복잡한 일은 아니지만, 다른 모든 일처럼…… 연습이 필요해! **멋진 키스**를 하려면, 해서는 안 되는 일이 몇 가지 있어. 상대의 입안으로 무작정 혀를 밀어 넣거나, 펄쩍펄쩍 날뛰는 물고기처럼 혀를 놀리거나, 혀를 목구멍 깊숙이 밀어 넣어 숨 막히게 해선 안 돼.

키스의 종류

도둑 키스: 상대가 방심한 틈을 노린 기습 키스야! 도둑 키스는 더 강렬한 무언가로 이어지는 시발점이 될 수도 있지만, 성난 상대에게 혼만 나다 끝날 가능성도 있어!

쪽 키스: 쪽. 짧게 입술을 마주치는 키스야. 가벼운 뽀뽀야. 친구나 막 사귀기 시작한 연인 사인에서 하는 키스지.

리틀 키스: 쪽쪽쪽쪽쪽. 짧은 키스를 연달아서 오랫동안 하는 거야. 달콤하고, 로맨틱한 키스지.

진한 키스: 서로 고개를 반대쪽으로 기울이고, 입술을 살짝 벌린 채로, 입을 마주치는 진한 키스. 정말, 정말 매혹적인 키스야.

스무치: 입을 밀착하고 고개를 좌우로 돌려가며 하는 강렬한 키스야. 할리우드 키스라고도 불려. 아주 화려한 키스라 영화에 쓰기 안성맞춤이거든.

뱀파이어 키스: 한 사람이 상대의 입술을 빨아들이는 키스. 섹시한 키스지만, 너무 많이 하지는 마. 입술에 피가 안 돌 수도 있잖아!

프렌치 키스: 혀를 써서 하는 열정적인 키스이자, 혀가 두 사람의 입을 오가면서 하는 흥미진진한 게임이야. 딥 키스라고도 불려.

톤실 하키: 편도선이나 목젖에 닿을 정도로 혀를 깊숙이 넣는 키스. 모두가 좋아하는 키스는 아니야……

탐험가식 키스: 입술이 아닌 다른 어딘가에 하는 키스야.

가장 좋은 프렌치 키스는 양쪽이 다 혀를 쓰는 키스야. 그러니 프렌치 키스를 상대의 혀를 찾아내는 게임이라고 생각하면 좋아. 그렇지만 프렌치 키스를 한답시고 덜덜 떨리는 세탁기 마냥 혀를 마구 휘두르면 안 돼. 혀는 신경이 몰려 있는 신경 말단이라서, 부드럽게 키스하면 **엄청난 즐거움**을 느낄 수 있어. 아 참, 숨 쉬는 걸 잊어선 안 돼! 어지러울 수도 있다고.

더 자주, 더 능숙하게!
네가 요령을 터득하는 순간, 세상에는 **수천 가지의 키스 방법**이 있다는 사실을 깨닫게 될 거야. 키스는 전부 제각각이고, 무한한 가능성을 품고 있어. 강도와 속도, 깊이를 달리하면서 네 지평을 넓혀봐!

입을 넘어서
파트너에게 키스할 때, 입으로만 키스할 필요는 없어! 가령, 코로 키스해 봐. 무척 재밌고 로맨틱한 경험일 거야. 입술이 아닌 다른 곳에 하는 키스는 무척 섹시해. 상냥하고 부드럽게 해야 한다는 사실만 기억해. 눈꺼풀에 키스하거나 상대의 귓불을 야금야금 맛봐. 무척 즐거울 거야. 그리고 목 역시 혀는 물론이고 입 전체를 써서 즐길 수 있다는 사실도 잊지 말고. 상대가 즐거워할걸!

조언 몇 가지
키스 마크를 남길 때는 먼저 물어보고 해. 목에 남은 키스 마크는 남 보기에 창피하잖아.

무슨 짓을 했는지 광고하고 다닐 필요까지는 없다고.

스킨십하기 ☞

스킨십하기

파트너와 하는 열정적인 키스는 스킨십으로 이어질 수 있다는 사실을 암시해! 손으로 뭘 해야 할지 모르겠을 때는 상대의 몸을 부드럽게 쓰다듬어 봐. **파트너를 껴안고 어루만지는 것**은 키스의 질을 올려줄 뿐만 아니라 새로운 느낌을 경험하게 해줘. 촉각은 즐거움을 더해주는 감각이고, 스킨십은 **즐거움을 주는 동시에 받는 거야.**

무턱대고 스킨십을 하려 드는 건 좋지 않아. 원칙적으로, 자연스럽게 포옹과 애무가 일어날 때까지 기다리는 편이 좋아. 누군가의 머리카락이나 목, 엉덩이를 만지는 것은…… 자연스럽게 일어나는 일이야. 그리고 이런 스킨십은 보통 **더 진한 스킨십**을 불러들여.

스킨십을 할 때는 조심해야 해. 사적인 영역을 침해해서도 안 되고, 침해받아서도 안 돼. 옷 위로만 스킨십을 하는 때도 있어. 어떤 의미에서든, 그게 최대한일 수 있으니까. 반대로, 새로운 시도를 해보고, 그다음에 일어나는 일을 즐기는 더 은밀한 순간이 올 수 있지. 처음에는 옷 위에서 시작하는 편이 좋아. 파트너가 네 스킨십을 즐기고, 편안하게 받아들이는지 꼭 확인해. 손을 써서 하는 탐험에도 **시간이 필요하다는 사실**을 잊지 마!

여자에게 스킨십하기

여자의 머리카락을 쓸어내리는 것은, 여자를 **기쁘고 편안하게 해줘.** 목과 어깨는 민감한 곳이라, 손가락으로 쓰다듬거나 부드럽게 마사지해주면 기분이 좋아져. 그렇지만, 아무리 그녀의 **가슴을 만지고 싶더라도,** 무작정 가슴부터 만지지 마! 우선 여자의 등과 허리, 엉덩이, 허벅지를 거치고 나서…… 가슴을 향한 여정을 시작하도록 해. 배꼽 위쪽으로 천천히 부드럽게 움직이면서, 반응을 살펴봐. 상대가 불편해하는 것 같다면, 거기서 멈추고. 여자의 가슴은 엄청나게 예민한 곳이야. 이렇듯 성적인 상황에서는 가슴이 단단해지고 젖꼭지가 서는 경우가 많아. 두 사람 모두 원한다면, 가슴을 부드럽게 어루만져 봐. 처음에는 손가락 하나의 끝 부분만 써서 애무하다가, 손가락을 하나둘씩 늘리고, 손 전체를 써보고, 두 손을 모두 쓰는 식으로 나아가 봐. 그리고, 일이 순조롭게 진

옷 위로 서로를 만진다고 해서,
반드시 진도를 더 나가야만 하는 건
아니야. 적절한 때가 올 때까지
기다려야 해.

BY 추시타

행된다면, 바지 위로 가랑이를 만져봐.

남자에게 스킨십하기

남자의 목 뒤편은 예민한 곳이야. 목 뒤편을 주무르거나 쓰다듬으면 남자들은 **안도감**을 느껴. 예를 들어, 손바닥을 편 채로 목 뒤편을 마사지하면서 머리 쪽으로 서서히 움직여봐. 보석이나 피어싱을 차고 있다면, 그것들을 가지고 놀아 봐. 보석이나 피어싱을 차는 곳은 예민한 부분이거든. 그렇지만, 너무 오래 머물지는 마. 그런 곳을 너무 과하게 만지면, 아플 수도 있거든. 남자는 근육질이든 아니든, 어깻죽지와 팔 윗부분에 긴장이 쌓여 있는 경우가 많아. 쓰다듬고 뭉친 곳을 풀어주면 남자는 **편안함을 느끼고 흥분하기 마련이야.**

사타구니를 만지고 싶더라도, 그곳부터 시작하지는 않는 편이 좋아. 우선 등뼈와 엉덩이, 허벅지를 거치고…… 그곳을 향한 여정을 시작하는 편이 좋아. 바지 주머니가 있는 곳까지 천천히 움직이면서, 상대의 반응을 살펴봐. 만약 상대가 불편해하는 것 같다면, 멈추고. 남자의 음경은 **극도로 예민한 곳이**야. 이렇게 성적인 상황에서는 음경이 커지면서 단단해지는 경우가 많은데, 옷 안에서 음경이 발기하면 불편한 느낌을 받을 수도 있어. 처음에는 손바닥을 편 채 음경을 부드럽게 쓰다듬어 봐. 그다음에는 바지 사이에 있는 솟구친 부분을 손가락을 써서 위아래로 움직이면서 만져 봐. 어디까지 나아갈지는, 두 사람이 어디까지 나가고 싶은지에 달렸어.

스킨십하기, 2탄

파트너를 만지는 것은 성행위보다 더 관능적인 행위야. 서로를 옷 위로 알아가다 보면…… 그 안쪽도 알고 싶어지기 마련 아니겠어? 이제 고전적인 **진한 애무**로 넘어갈 시간이야!

시작하기

파트너를 스킨십하기 적절한 순간을 찾아내기가 쉽지는 않아. **상대의 옷 안으로 들어가려면** 요령이 필요해! 사전 단계를 건너뛰지 마. 우선 키스하고, 옷 위로 스킨십을 한 다음에 더 나아가기 위한 적절한 때를 찾아야만 해! 상대의 허락도 필요하고.

상대가 스킨십을 즐기지 않는다는 느낌이 든다면, **방식을 바꿔봐.** 시간을 들여가면서! 함께하는 성행위에서 서로의 반응을 살피는 건 좋은 일이야.

진한 스킨십을 하는 좋은 방법은 파트너에게 **어디를 어떻게 만져줬으면 좋겠다고 말로 하는 거야.** 가슴이든, 엉덩이든, 음부든, 고환이든, 원하는 곳을 말해. 혹시 파트너가 놀란다면, 늘 그렇지만 강요하지 말고 시간을 주도록 해. 파트너가 좋다고 한다면, 그대로 즐기면 되고!

여자에게 스킨십하기, 2탄

옷 위로 가슴을 만졌다면…… 옷 아래로 손을 넣고 싶을 거야! 먼저 부드럽게 상황을 파악해봐. 먼저 손바닥을 편 채로, 가슴을 애무해봐. 크기와 형태를 즐겨보라고. 아플 수도 있으니까, 부드럽고 조심스럽게 애무해야 해.

치마나 바지 쪽으로 손을 내리기 전에 상대가 흥분했는지, 그리고 더 하고 싶어 하는지 확인해야 해. 여자는 보통 자기를 놀라게 하는 걸 좋아하지 않거든. 그리고 다짜고짜 질에 손가락을 집어넣지 마! 그럴 생각조차 하지 말라고! 우선 음부를 어루만지고, 반응을 살펴보면서, 조심스럽게 진도를 나가라고. 그리고 자위에 관한 장을 읽어보고!

> 🙂 **조언 몇 가지**
> 네가 여자라면, **동화 속 공주님**처럼 굴지지 마. 가만히 있어도 모든 일이 알아서 되길 기대하지 말라고.
> 네가 남자라면, 쾌락에 눈이 먼 야만인처럼 행동하지 마. 네가 마땅히 다른 사람에게서 즐거움을 느껴야 하듯, 그 사람도 네게서 즐거움을 느껴야 해.

남자에게 스킨십하기, 2탄

바지 위로 사타구니를 만졌다고 하더라도, 옷 아래로 나아갈 때는 **상체**를 먼저 거치는 편이 좋아. 먼저 셔츠 안쪽으로 손을 넣어서 흉근과 젖꼭지를 어루만져 봐. 거긴 예민한 곳이거든. 그런 다음에 바지 아래쪽을 탐험하면서, 지퍼를 열어.

충분히 흥분하지 않았다면, 부드럽게 자극하면서 더 흥분시켜야 해. 반대로 완전히 발기한 상태라면, 곧바로 시작해도 괜찮아. 남자는 흥분했을 때 누군가 자기를 깜짝 놀라게 하는 걸 좋아해. 귀두를 쓰다듬고 음경을 탐험해봐. 그리고 자위에 관한 장을 읽어보고!

너와 상대를 모두 흥분하게 하는 상황을 만들어 봐. 진정한 즐거움은 두 사람이 모두 즐길 때 찾아오거든.

BY
추시타

옷벗기기

너와 파트너 사이의 신체 접촉이 격렬해지면, 그리고 때와 장소가 적절하다면, 서로 벌거벗고 싶을 거야. 그럴 때는 부끄러움이 가실 때까지 기다리지 마. 누구나 다 부끄러워해. 처음 몇 번은 더 그렇고. 당연한 일이야. 이 단계까지 왔다는 건 상대를 좋아한다는 의미니까. 그냥 자신을 드러내.

옷을 벗는 데도 여러 가지 방식이 있어. 서로 익숙해지면, 파트너는 대개 **함께** 옷을 벗어. 서로의 옷을 벗겨주는 거지. 각자 옷을 벗기도 하는데, 처음 몇 번은 이럴 때가 많아. 가장 쉽고 간편하고, 상대의 옷을 벗기면서 곤란을 겪을 일이 없잖아. 둘 중 한사

람이 경험이 더 풍부하다면, 자기 옷을 먼저 벗은 다음에 상대의 옷을 벗겨줄 수도 있어.

적절한 방식은 상황에 따라 변하기 마련이니, 원하는 가장 편안한 방식을 골라. 결과는 언제나 같아. **"두 사람의 벗은 몸"**이라는 거.

나에게서 너에게로…… 👍

남자 친구에게 벗은 몸을 보일 생각을 하니 부끄러워요. 옷 아래로도 스킨십을 하긴 했지만, 옷을 벗은 적은 없어요. 어쩌면 좋을까요? **M. J. R., 16**

가장 먼저 해야 할 일은 몸을 편안하게 느끼는 거야. 옷을 벗은 채로 거울 앞에 서서, 네 몸을 한 부분도 빼놓지 말고 살펴봐. 네가 얼마나 예쁜지 큰 소리로 칭찬해봐. 자존심과 자존감을 높이는 데 도움이 될 거야. 또, 두 사람이 이 단계까지 왔다는 게 무슨 의미인지 생각해봐. 그건 바로 네 남자 친구가 너를 좋아하고, 네 모습이 어떻든 좋아할 거란 의미야. 남자 친구는 너를 보고 싶어 하고, 너와 함께하고 싶어 해. 조만간 너도 남자 친구의 몸을 보고 싶을걸. **추시타**

영화 속 한 장면처럼?

광고와 영화, 여타 미디어에 등장하는 성적인 장면에는 일반인보다 훨씬 멋진 남녀의 몸이 나와. 그 때문에 현실과는 동떨어진 환상을 품는 경우가 많아. 먼저 알아 둘 게 있어. **세상에 완벽한 것은 없어!** 미디어에서 사전에 주입받은 이미지와 선입견을 떨쳐내야 해. 그게 바로 너와 파트너의 콤플렉스와 불안을 쓰레기통으로 차버릴 유일한 방법이야.

속옷 차림

남자든 여자든, **속옷**을 보고 흥분하는 사람이 있어. 이런 사람은 파트너의 알몸보다도 속옷 차림을 상상하는 걸 더 좋아해. 하지만 얼마나 섹시한 속옷이냐는 중요하지 않을 수 있어. 수수한 속옷이나 면 팬티도 제 역할을 할 수 있어. 어쨌든, 결정은 네가 내리는 거야. 괜찮다면 속옷 바람으로 할 수 있어. 내키지 않으면 다른 옷과 마찬가지로 벗어도 돼.

자신의 벗은 몸에 관한 두려움을 잊어버리고, 느긋한 마음을 먹도록 노력해 봐. 그렇게 하면 커플로서 정말 오붓한 시간을 보낼 수 있어.

BY 추시타

스트립쇼?

이제 막 파트너와 가까워지기 시작한 사이고, 파트너 앞에서 처음 옷을 벗는 상황이라면, **쇼비즈니스** 따위는 잊어버리고, 스트립쇼는 영화에서나 감상하도록 해. 아주 많은 훈련을 받았거나 유머 감각이 뛰어난 게 아니라면, 스트립쇼는 그냥 우스꽝스럽기만 한 연출이 될 수 있어. 네가 의도한 바와 정반대의 역효과가 나타날 수 있다고. 내 생각에는 **껑충껑충 뛰면서** 양말을 벗는 모습보다 덜 에로틱한 건 없어!

그거 알아……?
가장 사랑받는 스트립쇼는 영화 〈나인 하프 위크〉에서 킴 베이싱어가 했던 쇼야. 세월이 20년이나 흘렀지만, 요즘도 스트립쇼 할 때 당시의 춤과 음악이 그대로 흘러나와.

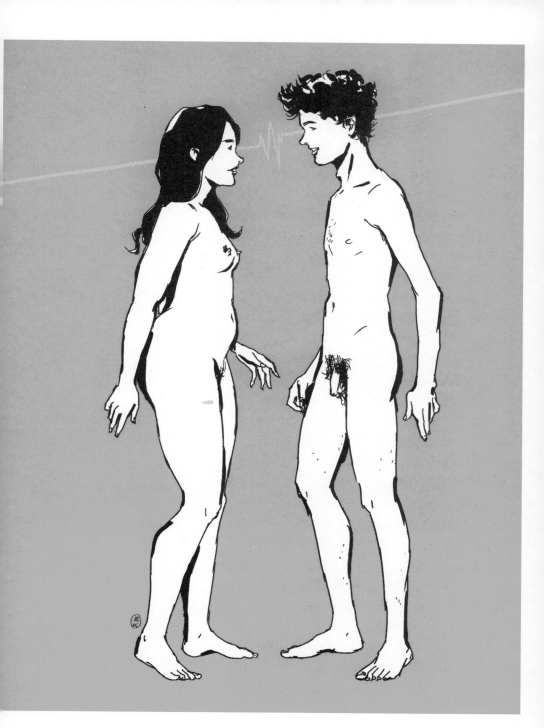

실행
한번 해보지 않을래?

언젠가는 첫 경험을 하기로 한 그날이 다가 올 거야. 그리고 그때부터는 섹스가 삶의 일부가 되겠지. 첫 경험을 언제 하느냐는 오롯이 **개인적인 문제야.** 물론 침착하고, 책임감 있게 내려야 할 결정이지만, 가장 중요한 건 네가 정말로 원할 때 하는 거야!
이 중요한 순간을 대비하는 것은 도가 지나친 일이 아니야. 아무튼, 사전에 계획을 세울 수도 있고…… 그냥 자연스럽게 일어날 수도 있어! 무엇을 하든, **억지로 하려고 하진 마.** 처음에는 더더욱 그래.

기대
처음 하는 섹스가 **인생에서 중요한 경험**이라 는 점을 부정할 사람은 없어. 그렇지만, 첫 경험을 둘러싼 오해는 많아. 이런 오해를 진실이라고 착각하면 안 돼. 어떤 사람은 첫 경험이 황홀해야 한다고 해. 엄청 짜릿한 경험을 해야 하고, 꼭 천국에 간 듯한 기분을 느껴야 한다는 거야…… 이런 꼬맹이들이나 믿을 말에 **속아 넘어가는 건 아니겠지.** 첫 경험은 대부분 그렇지 않아. 무언가를 처음 할 때 항상 그러하듯이, 처음으로 "진짜"섹스를 할 때는 여러 가지 문제가 생기고, 일이 뜻대로 안 풀릴 수 있어.

우선, **불안에 휩싸이는 경우**가 많아. 불안한 마음이 드는 건 당연한 일이지만, 부디 불안에 잡아먹히지는 마. 그러면 첫 경험을 즐길 수 없을 테니까. 네가 잘할 수 있을지, 네 모습이 괜찮을지, 상대가 어떻게 생각할지…… 너무 고민하지 마. 긴장을 풀고, 몸에 집중하고, 그 느낌에 푹 빠져봐. 첫 경험을 즐기라고.

슬랭

콘돔
사랑양말
고무주머니

성교
육체노동
씹질 떡치기 교합 행사
소시지 목욕하기 침놓기
교미 절구방아 쿵덕쿵덕하기
못난이 부딪히기

오르가슴
뽕 가다 엑스터시 황홀
죽인다 홍콩에 가다

신화와 오해 ✋

추시타가 바로잡아 주겠어.

"첫 관계를 맺을 때 여자가 피를 흘리지 않으면, 처녀가 아니라는 뜻이다."
엄…… 틀렸어. 관계 전에 다른 일로 처녀막이 찢어졌을 수도 있고, 관계 후에도 처녀막이 찢어지지 않고 남을 수도 있어. 어쨌든, 지금은 21세기인데 말이지. 그게 그렇게 중요한 문제일까? 처녀라고 기뻐하고, 처녀가 아니라고 실망할 만큼?

"콘돔을 끼고 하는 섹스는 그냥 하는 섹스만 못 하다."
자기 자신을 속이진 말자. 분명 느낌이 다르긴 해. 그렇지만, 너와 네 파트너의 건강과 안위를 최우선으로 둬야 하잖아. 원치 않은 묵직한(?) 인생을 선물로 받고 싶지 않다면, 항상 피임과 안전을 생각해야 해. 그리고 콘돔 끼고 하는 섹스도 좋기만 하다 뭐!

"섹스를 많이 하면 질이 늘어난다."
아니거든!!! 성행위를 많이 한다고 질이 늘어나진 않아. 사실은 오히려 정반대야. 섹스하면 근육이 강해지면서 조이는 힘이 좋아진다고. 질이 넓어질 때는 다른 이유가 있어. 가령, 출산을 했다던가 하는 식으로.

"오르가슴을 느낄 수 있는 유일한 방법은 삽입 섹스다."
너무 자신만만하네. 남자나 여자는 클리토리스나 음경, 항문을 자극받아 오르가슴을 느낄 수 있어. 자위나 오럴 섹스로 오르가슴을 느낄 수도 있고.

"섹스를 할 때는 신음을 큰 소리로 내야 한다……"
영화에서나 그렇겠지! 신음은 자연스럽게 나오는 거야. 신음을 내지 않는 것 역시 자연스러운 거고. 물론, 너와 네 파트너가 다른 사람과 함께 산다면 보통은 신음을 내지 않으려고 노력하겠지만 말이야…… 아무튼, 사람들은 각자 원하는 대로 자신을 표현할 수 있어야 해.

"여자가 섹스하자고 했을 때 거절하는 남자는 없다."
거짓이야. 내키지 않을 때 여자가 섹스를 거부하는 것과 마찬가지로, 남자도 원치 않으면 섹스를 거부해.

누군가와 섹스를 한다면,
함께 즐길 수 있는 섹스를 해.
이기적인 섹스는 좋지 않다고!

BY 추시타

과연 첫 경험을 할 준비가 된 걸까?

어떨 때는 하고 싶다가도…… 어떨 때는 하기 싫고! 하고 싶다는 생각이 들지만, 무섭다는 생각도 들고. 넌 정말로 첫 경험을 하고 싶은 걸까? 테스트를 마치고, 결과를 확인해 봐!

첫 경험에 관해서……
1점 솔직히 별로 생각해 본 적이 없다.
2점 성욕을 느낄 때, 가끔 생각한다.
3점 항상 생각한다. 그 생각을 떨치지 못하겠어!

자신의 성적 취향에 관해서 얼마나 아는가?
1점 잘 모른다. 더 알아봐야겠다!
2점 어느 정도 알지만, 확실치는 않다.
3점 많이 안다. 성 지향성에 관한 글을 읽어봤고, 내 취향이 뭔지도 안다.

자기 자신을 정의한다면……
1점 나는 불안한 사람이다. 자신에게 확신이 없을 때가 많다.
2점 나는 감정에 휩쓸리는 사람이다.
3점 나는 충동을 조절할 수 있으며, 내가 뭘 원하는지 안다.

현 상태는……
1점 나는 현재 파트너가 없고, 특별히 마음에 둔 사람도 없다.
2점 좋아하는 사람이 있지만, 아직은 아무 사이 아니다.

3점 파트너가 있고…… 그 사람과 더 가까워지고 싶어서 안달 난 상태다!

나를 이끄는 것은……
1점 내 머리다. 나는 매사에 심사숙고한다.
2점 내 직관이다. 내 감은 틀리는 법이 없다.
3점 내 가슴이다. 불가능은 없다!

내가 흥분하는 순간은……
1점 거의 없다. 무언가 엄청 특별한 일이 생기면 모를까.
2점 좋아하는 사람과 키스하거나 애무를 주고받을 때다.
3점 좋아하는 사람과 함께 있을 때와 그 사람을 떠올리며 공상할 때다!

로맨틱한 만남 다음에는……
1점 행복하고, 또 만나고 싶다는 기분을 느낀다.
2점 상대 생각을 멈출 수 없다.
3점 열기가 가시질 않아서 조용한 곳을 찾아 혼자만의 시간을 보내고 싶다.

결과

(7점에서 10점 사이)
전혀 준비 안 됨!
너는 불안감에 빠져서, 아직 어떤 일에 뛰어들 자신이 없는 상태야. 자신에게 시간을 줘. 서두를 이유가 전혀 없어!

(11점에서 10점 사이)
마음이 둘인 사람
어떨 때는 지금이 바로 그 순간이라는 생각이 들다가도, 어떨 때는 확실치 않다는 생각이 드는 상태야. 너무 열 내지 마! 적절한 순간이 찾아오면, 뭘 해야 할지 알 수 있어!

(15점에서 18점 사이)
해야 할 일을 먼저 하시오!
첫 경험을 하고 싶지만, 아직 상대를 찾지 못한 상태야…… 그 사람이 금방 모습을 드러내길 빌게!

(19점에서 21점 사이)
너 완전 러브 머신이구나!
하고 싶은 마음으로 가득 차 있고, 바라는 상대도 확실하구나…… 이제 남은 문제는 "언제" 뿐이네. "어떻게"는 알아서 해결될 테니까.

껌을 받고, 그 순간에 집중하고, 상대와 더 가까워지는 데 도움이 돼!

반드시 삽입할 필요는 없어. 준비가 안 되었거나, 시간이 촉박한 상황에서는 더욱 그래. 그런 상황이라면, 대신 오럴 섹스를 하거나 상호 자위를 해 봐. 똑같은 즐거움을 느낄 수 있을 거야. 심지어 더 즐거울 수도 있고.

키스로 시작해. 부드럽고 관능적인 키스로. 그런 다음에는 손을 써 봐. 피부는 인체에서 가장 큰 기관이야. 만지고 자극하지 않을 이유가 뭐 있겠어?

상대를 강렬하게 바라보며 달콤한 말을 쏟아내 봐. 아니면 야한 말을 꺼내도 좋고.

야한 게임을 해보면 어떨 것 같아? 관심이 있다면, "판타지와 섹스 토이" 장을 살펴봐.

전희

섹스는 넣었다 뺐다가 다가 아니야. **서두르지 않는 게** 최선이야. 시간과 공을 충분히 들여서, 키스와 애무를 주고받으면서 상대를 유혹하고 상대에게 유혹당해 봐. 친밀함을 더하고 열기를 유지하는 데 도움이 될 거야.

커플 사이에서 전희는 무척 중요해. 특히 처음 몇 차례 섹스를 할 때는 더더욱 그렇고. 전희는 즐거움을 더해줄 뿐만 아니라, 서로를 만지면서 긴장을 풀고, 상대와 연결된 느

👉 해도 좋을 때……

- 그 사람을 믿고, 그 사람 곁에 있으면 편안할 때
- 미리 상대방의 낌새를 파악했고, 두 사람 모두 원할 때
- 피임에 관해 공부하고, 어떤 피임법을 쓸지 정했을 때
- 두 사람 모두 편안하고 적절한 장소를 찾았을 때
- 이런저런 실험을 해 볼 시간이 있을 때

👎 하면 안 될 때……

- 하려는 이유가 상대가 자신을 좋아하게 만들고 싶다는 이유뿐일 때
- 하고 싶지 않지만, 상대에게 압박을 느껴서 해야만 할 때
- 콘돔이나 다른 피임 기구가 없을 때
- 프라이버시가 보장되는 장소가 아닐 때
- 이런저런 실험을 해 볼 시간이 없을 때

잘못된 기대

너는 틀림없이 영화나 드라마에서 **섹스신을** 봤을 거야. 그렇지만 섹스는, 특히 진짜 섹스는 그런 이미지가 보여주는 것과는 한참 다르다는 사실을 명심해. 현실의 여자는 란제리 모델이 아니고, 현실의 남자는 근육질 꽃미남이 아니야. 마찬가지로, 섹스는 두 남녀가 사람들이 가득한 파티에서 눈이 맞고, 침실로 직진한 뒤, 정열에 휩쓸리는 식으로 일어나지 않는다고.

과대광고에 속아 넘어가지 마! 섹스는 그렇게 미친 듯이 격렬한 게 아니야. 실제로는, 그리고 특히 처음에는, **정반대에 가까워.** 뭘 억지로 하려 흉내 내지 마. 두 사람이 자연스럽게 행동할수록, 더 편안하게 할 수 있을 거야. 체위는 걱정할 필요 없어. 열기가 무르익어가면서 자연스럽게 자세를 취할 테니까. 그리고 리듬은…… 천천히 하다가 속도를 내.

서로의 짝으로서

섹스할 때 중요한 건, 섹스를 두 사람 모두에게 즐거운 일로 만들어나가는 거야. 그러니 두 사람 모두 **같이 노력해야 해.** 여자는 수동적인 태도로 가만히 있어야 한다는 소리는 틀렸어. 남자는 섹스를 주도해야 한다는 주장도 틀렸어. 동성 간의 섹스에서는 주도적인 역할을 할 사람과 수동적인 역할을 할 사람을 정해야 한다는 말도 틀렸어. 이런 말을 믿는다면, 성차별적인 구닥다리에 빠지는 셈이야! 누구나 특정 상황에서 더 소극

신경 쓸 필요 없는 것들……

속옷: 현실 세계에서는 여자든 남자든 생각만큼 속옷에 정성을 들이지는 않아. 속옷을 계속 입고 있고 싶다면, 그렇게 해. 속옷을 벗고 싶다면, 그렇게 해. 어떤 속옷을 입든, 너와 어울리고 편안한 속옷을 골라!

몸: 몸을 바꿀 방법은 없어. 네가 가진 몸이 바로 네 몸이야. 그리고 이 단계까지 왔다면, 상대는 십중팔구 네 몸이 끝내준다고 생각한 거야. 자신의 외모를 편안하게 받아들여 봐. 몸으로 뭘 할 수 있는지 탐구해 봐. 느낌이 오는 대로 몸을 움직여봐.

털: 특정 부위에 난 털을 깎는 건 의무는커녕 필요하지도 않은 일이야. 남녀를 막론하고, 어떤 사람은 제모한 상태를 선호하지만, 어떤 다른 사람은 신경 쓰지 않아.

잊어선 안 되는 것들……

청결 유지: 너와 관련된 모든 것이 깨끗하고 말끔해야 해. 은밀한 곳은 더더욱 그렇고. 이건 상대와 함께 샤워하기 위한 좋은 구실이기도 해. 같이 샤워하는 건 무척 흥분되는 일이라고.

콘돔 여러 개: 그래, 여러 개. 경험이 많지 않다면 특히 챙길 사항이야. 왜냐면 처음 수백 번 동안에는 콘돔을 잘못 쓸 수 있거든. 설명서나 관련 영상을 아무리 많이 봤더라도 잘못될 수 있어. 콘돔 쓰는 법도 콘돔을 직접 끼워봐야 늘어.

윤활제: 더 편안한 성교를 위해서 윤활제를 챙겨두는 편이 좋아. 그렇지만, 윤활제가 없다면 침을 써도 괜찮아. 듬뿍듬뿍 쓰라고!

적으로 행동하거나 예민하게 굴 수 있어. 반대로 어떤 상황에서는 더 공격적으로 행동하거나 대담하게 굴 수 있고. 서로의 짝으로서, 우리는 상대가 자기 자신답게 행동할 수 있게끔 지지해야 해.

연습하기!

우선, 말도 안 되는 목표는 설정하지 않는 편이 나아. 섹스를 할 때는 항상 삽입해야 한다는 강박은 버리는 게 좋아. 커플이 성을 경험하는 방식은 다양하고, **할 때마다 다르기 마련**이야. 그러니 미리 선을 정하는 편이 나아. 그래야 뭘 할지, 무슨 준비를 할지 알 수 있으니까. 비현실적인 기대를 품지 않더라도 얼마든지 즐길 수 있어. 우선 자위로 시작해봐. 그런 다음에 서서히 다음 단계로 나아가자고.

두 사람 모두 자위를 즐기는데, 막상 섹스를 해봤더니 자위만큼 좋지 않을 수 있어. 섹스는 경주가 아니야. 타인과 자신을 비교하지 마.

"쟤들은 벌써 저런 것도 해봤네, 나도 해봤으면 좋겠다"라고 생각하거나 자신이 뒤처졌다고 자책할 필요 없어. 섹스는 경쟁이 아니니까!

명심해. 아무리 뒤처졌다는 느낌이 들더라도, 더 나아가고 싶지 않다면 나아가지 마. 너는 언제라도 **싫다**고 말할 수 있어. 살짝 뒤로 돌아가서 상대와 전에 즐기던 것들을 다시 즐기거나, 지금 당장은 그만두고 나중에 다시 해도 괜찮아. 내키는 대로 하라고.

오럴 섹스 😊

상대의 성기를 입으로 자극하고, 서로의 은밀한 곳을 맛보는 건…… 무척 즐거운 일이야! 파트너와 **재미를 보면서** 할 수 있는 가장 흥분되는 일이지. 오럴 섹스는 그 자체로 완성된 성행위이자, 전희의 일부이자, 성교가 끝난 다음에 오르가슴을 느끼기 위해서 하는 후희이기도 해.

다양한 행위와 다양한 이름
오럴 섹스를 할 때는 입술과 혀가 상대의 가장 은밀한 곳에 닿아. 음경에 하는 오럴 섹스는 **펠라티오**라고 부르고, 음부에 하는 오럴 섹스는 **쿤닐링구스**라고 불러. 그리고 **리밍**이나 **림잡**이라고 불리는 제삼의 오럴 섹스도 있는데, 항문에 해.

늘 그렇듯이, 처음에는 손으로 상대의 은밀한 곳을 애무하고 자극해서, 상대를 흥분시키는 편이 좋아. 입은 그다음에 쓰는 거지. 오럴 섹스를 하는 처음 몇 번 동안에는 **천천히 해**. 그러면 이 새로운 테크닉에 익숙해질

애널 섹스를 즐기고 있니?
축하해! 실천을 통해 배운다는 사실을
명심하면서 힘내!

― BY ―
추시타

⚠ 오럴 섹스를 해선 안 될 때……
· **신뢰하는 상대가 아니고** 피임 기구가 없을 때.
· 상대의 성기에 **사마귀가 나 있거나 반점이 있을 때**.
· 자신의 입술에 물집이 생겼거나 입안에 **상처가 있을 때**.

거야. 오럴 섹스는 누군가의 입에 음경을 재빨리 쑤셔 박는 행위가 아니야. 누군가와 섹스하고, 접촉하는 또 하나의 방법이라고.

상대에게 펠라티오나 쿤닐링구스를 해주면서 그다지 기쁨을 주지 못한다고 해서 실망할 필요는 없어. 정상이니까! 그렇지만, 오럴 섹스는 파트너가 즐거워하는 모습을 보면서 **엄청난 쾌감을 느낄 수 있는 행위야.** 상대가 너보다 더 즐거워하는 모습을 보는 건 정말 짜릿하다고! 물론 오럴 섹스는 그 자체로 즐거운 일이긴 하지만 말이야. 상대에게 오럴 섹스를 해줬을 때, 상대도 똑같이 오럴 섹스를 해줬으면 좋겠다고 바라는 건 당연해. 상대의 입을 즐기면서 그 쾌감이 널 어디로 데려가는지 알아봐.

위생은 기본

아침에 샤워했을지도 모르지만, 오럴 섹스를 하기 전에 화장실에 가서 네 은밀한 곳과 그곳을 감싼 털을 씻는 건 나쁜 생각이 아니야. 안 좋은 냄새를 없앨 수 있고 피부를 청결하게 할 수 있으니까.

음모가 긴 편이라 오럴 섹스를 할 때 방해가 된다는 생각이 든다면, 음모를 잘라서 문제를 완화해 봐. 아무튼, 원래 오럴 섹스를 할 때는 털이 입에 들어갈 수 있으니까, 너무 스트레스를 받지는 말고!

커뮤니케이션

입을 쓰는 행위라고 다 연설을 늘어놓거나 웅변을 펼쳐야 하는 건 아니지만, 오럴 섹스를 하면서도 **말을 할 수 있다**는 사실을 잊지 마! 섹스하는 동안 말을 해선 안 된다는 금기 따위는 없잖아. 상대와 소통하는 건 성생활의 질을 크게 높여주는 방법이라고. 상대에게 어떻게 해줬으면 좋겠다고 말하거나, 그렇게 하지는 말아줬으면 좋겠다고 말하는 건 중요해. 그리고 말할 필요도 없이 상대가 무엇을, 어떻게 해줬으면 좋겠다고 말할 때, 그 말을 듣는 것도 중요하겠지? 의사소통은 너와 상대가 모두 더 즐거운 경험을 하는 데 도움이 될 거야.

쿤닐링구스 하는 법

음부로 곧장 직진하지 말고, 여자의 **가슴과 젖꼭지**를 먼저 애무해줘. 그리고 배와 배꼽, 치골을 어루만지면서 클리토리스가 얼굴을 내밀 때까지 기다려. 여자가 흥분했다고 느껴진다면, 허벅지에 키스하고 대음순을 탐험해봐. 그렇지만 이를 쓸 때는 조심해야 해. 허벅지를 살짝 물 수는 있겠지만, 그 이상은 곤란해. 음부로 다가갈 때는 여자가 아파하지 않도록 입술로 이를 감싸는 편이 좋아. **손가락**을 이용해서 대음순을 벌리고 클리토리스를 찾아봐. 클리토리스는 무척 민감한 곳이니 혀끝으로 부드럽게 **가지고 놀아.** 여자가 점점 더 흥분하는 것 같다면, 조금 더 강하게 키스하거나 핥아봐. 무엇을 하든지, 클리토리스를 너무 과하게 자극하지

> 썩 내키지 않을 수 있지만, 해보기 전에는 알 수 없잖아. 우선 다른 것으로 시작해 보면 어떨까? 가령, 남자 친구 앞에서 자위를 해보는 거야. 그러면서 서서히 남자 친구를 네 아래쪽으로 다가오게 하고, 익숙해지면 그곳을 만지게 하는 거지. 긴장 풀고, 그 순간을 즐기려고 노력해 봐. 그러면서 네가 좋아할지 아닐지 한번 지켜보라고.
> **추시타**

나에게서 너에게로……

> 남자 친구랑 한동안 사귀었는데, 부끄러워서 남자 친구를 제 아래쪽으로 내려보내지 못하겠어요. 해보고 싶긴 하지만, 남자 친구가 머리를 제 그곳에 가까이 댄다고 생각만 해도 무서워요. 어쩌죠? **P. T., 18**

는 마. 그러면 아프기만 하고 전혀 즐겁지 않아. 만약 그런 상황이 생긴다면, 더 아래쪽으로 내려와서 혀로 질 입구 주위를 훑고, 천천히 질 안에 살짝 넣어 봐. 이때 손가락을 쓰면 도움이 될 거야. 침으로 이 부분을 촉촉이 적시면 적실수록 두 사람 모두 더 큰 즐거움을 느낄 수 있을 거야.

손가락이나 혀를 쓸 때는 강하게 삽입하는 식으로 자극을 주려 하지 마. 너무 약하지도, 너무 빠르지도 않게, 일정한 리듬을 유지해.

펠라티오 하는 법

음경의 뿌리 부분을 한 손으로 잡고, 음경 끝부분인 귀두에 입을 대. 그곳이 가장 큰 쾌감을 주는 부위야. 이제 귀두를 재미나게 가지고 놀아 봐. 키스하거나 혀끝으로 살살 핥아 보라고. 음경을 입에 집어넣을 때는 이로 음경에 상처를 내지 않도록 조심해. 머리를 천천히 움직이면서 음경을 입에 넣었다

> ### 오럴 섹스를 할 때, "절대" 하면 안 되는 행동
> - 그곳으로 직행해 기계적으로 움직이기
> - 파트너에게 해주면서 역겹다는 듯한 표정 짓기
> - 파트너의 음경이나 음부를 전 파트너의 그것과 비교하기
> - 좋아하지도 않으면서 오럴 섹스를 하거나 받기
> - 아무런 신호도 주지 않고 사정하기

애널 섹스를 할 때는 안전이 최우선이야!
— BY —
추시타

뺐다 해봐. 혀를 써서 귀두를 가지고 놀고, **입술을** 써서 압력을 높여 봐. 더 큰 자극을 주는 거지. 그러면서 동시에 손으로 음경 뿌리 쪽을 자극할 수 있어. 그리고 고환을 어루만질 수도 있고.

음경을 입안에 깊숙이 넣으려고 너무 애쓸 필요는 없어. 불편하지 않은 한도 안에서만 하면 돼. 괜히 억지로 더 깊게 삼키려고 할 필요 없어. 토하고 싶을 수도 있으니까. 그러고 나서 서서히 **리듬을 바꾸도록 해.** 속도를 올리면 쾌감이 커지거든.

안전제일

적절한 안전장치를 쓰지 않는 한, 오럴 섹스는 성병에 걸릴 위험이 따르는 행위야. 상대와 안정적이고 충실한 관계를 유지하고 있는 게 아니라면, 그래서 상대가 성병에 걸리지 않았다고 확신할 수 없다면, **콘돔**이나 **덴탈 댐(뒤에 설명이 나와)**을 쓰는 게 최선이야.

콘돔은 **펠라티오**를 할 때 권장할 만한 유일한 안전장치야. 콘돔은 대부분 라텍스로 만드는데, 희미하게 고무 냄새가 나. 손을 써서 침을 콘돔에 바르면 고무 냄새를 없앨 수 있어. 아니면 향이 나는 콘돔을 써도 좋아. 종류가 많으니 하나 골라잡아 보라고! 조금

더 상상력을 발휘해야 하는 다른 방법도 있는데, 바로 좋아하는 잼이나 시럽을 콘돔에 바르는 거야.

쿤닐링구스를 할 때도 안전장치가 필요한데, 덴탈 댐이 최선이야. 라텍스 맛을 없애고 싶다면, 향이 나는 윤활제를 한쪽 면에 발라. 덴탈 댐이 없다면 일반 콘돔을 잘라 사각형으로 만든 뒤 대신 쓰면 돼.

리밍을 할 때는 쿤닐링구스를 할 때와 마찬가지로 덴탈 댐을 쓰거나 콘돔을 잘라서 쓰면 돼. 라텍스를 갖다 대기 전에 항문에 충분히 윤활제를 바르는 게 중요해요. 항문은 통증을 느끼기 쉬워. "애널 섹스" 장에서 윤활제에 관해 더 자세히 알아보자고.

정액과 애액

콘돔을 쓰지 않기로 했다고 해서 관계 시 나오는 체액의 맛까지 즐길 필요는 없어! 안정적인 관계를 맺은 신뢰하는 상대의 체액이라고 해도 마찬가지야! **삼킬지 말지**는 네가 결정하는 거야. 네가 좋으면 삼키고, 아니면 뱉으면 돼. 상대방의 바람이나 강요에 못 이겨서 억지로 할 필요는 없어.

어떻게 하기로 했든, 상대의 애액이나 정액을 먹은 뒤에 좋지 않은 부작용이 느껴진다

면 무언가 문제가 있는 거야. 파트너가 건강하고 **성병**에 걸리지 않은 상태라면 그런 일이 생기지 않거든. 어떤 사람은 **파트너의 체액을 삼키는 것**을 좋아하지만, 다른 사람은 뱉거나, 다른 곳을 마사지할 때 마사지 크림 대신 써. 스스로 내린 결정이라면, 하고 싶은 대로 해.

해주기……

펠라티오나 쿤닐링구스의 목적은 상대에게 즐거움을 주는 게 다가 아니야. 너 자신도 즐거워야 한다는 사실을 잊지 마. 그러니 **해주고 싶을 때만 해.**

혀로 파트너의 새로운 부분을 탐험할 때는 **파트너의 반응을 살피는 편이 좋아.** 좋아하는지? 무엇을 어떻게 할 때 가장 좋아하는지 알아내 봐. 무언가를 했는데 기대한 반응이 나오지 않는다고 해서, 그런 반응을 보이도록 강요는 하지 마. 새로운 자세를 찾아보고, 탐험 지역을 옮겨 보고, 리듬과 테크닉을 바꿔봐. 파트너의 예민한 곳을 알아냈다면, 그리고 그곳을 자극하는 최고의 방법을 알아냈다면, 그 사실을 최대한 활용해.

오럴 섹스를 해줄 때, 성기에만 집중할 필요는 없어. **손을 써서** 엉덩이나 배, 가슴을 쓰다듬어 봐…… 잠시 멈추고 상대의 입술에

키스한 다음에 재개하는 것도 괜찮아.

받기……

오럴 섹스를 받는 입장일 때도 여러 가지 걱정이 들어. 처음 몇 번은 더더욱 그럴 거고. 손으로 뭘 해야 하지? 몸으로 뭘 해야 하지? 어떤 말을 하는 편이 좋을까? 아니면 말 없이 조용히 있는 편이 좋을까? 다른 모든 섹스와 마찬가지로, 오럴 섹스에는 **아무런 규칙도 없어**. 그렇지만, 더 즐거운 경험을 하는 데 도움이 되는 팁을 줄게.

우선, 긴장을 풀어. **편안한 자세**를 잡고, 호흡을 깊게 하고, 너 자신을 있는 그대로 풀어줘. 원한다면, 손을 머리 뒤로 올리고 가만히 있어도 돼. 그냥 잠자코 파트너의 움직임을 즐기는 거지. 그리고 원한다면, 자신을 쓰다듬거나 상대를 어루만져 봐. 그렇지만, 상대를 만질 때는 부드럽게 해. 상대를 밀치거나 움직임을 방해하면 곤란하니까.

감각에 집중하고, 느낌을 즐겨. 혹시 아프거나 불편하다면 싫다고 말하고, 무언가가 마음에 든다면 더 해달라고 해…… 그냥 하거나, 하지 말라고만 하지 말고 이유도 덧붙여주고! 그러면 파트너에게 큰 도움이 될 거야. 그러니……

뒤로 내빼지 마!

그래서 결승선은요?

오럴 섹스로 **오르가슴에 도달할 수 있다**는 건 의심의 여지가 없는 사실이야. 실제로 많은 여자들은 삽입 섹스보다 오르가슴을 느끼기 더 쉽다고 생각해. 심지어 오럴 섹스로 느끼

기본자세

누워서 하기: 펠라티오와 쿤닐링구스를 할 때 편안한 자세야. 받는 사람은 누운 채로 다리를 살짝 벌리면 돼. 다리를 쭉 펴도 좋고, 무릎을 살짝 구부려도 좋아. 해주는 사람은 엎드린 채로 해줘도 좋고, 무릎을 꿇고 해줘도 좋아.

서서 하기: 받는 사람은 선 채로 다리를 벌리고, 해주는 사람은 상대 앞에 무릎을 꿇고 앉아. 펠라티오를 할 때 효과만점인 자세야. 고환을 자극하기 쉬운 자세거든. 그렇지만 쿤닐링구스를 할 때는 난도가 높은 자세야.

앉아서 하기: 받는 사람은 앉아서 의자에 등을 기댄 채로 엉덩이와 다리를 벌리고, 해주는 사람은 상대 앞에 무릎을 꿇고 앉는 자세야. 펠라티오와 쿤닐링구스 모두에 만족스러운 자세야.

는 오르가슴이 더 강렬하다고 말하는 여자도 있어. 남자 역시 펠라티오로 오르가슴을 느낄 수 있고. 그렇지만, 오럴 섹스로 항상 오르가슴을 느끼고 싶진 않을 수도 있어. 특히 오럴 섹스가 전희의 일부라고 생각하는 경우 오럴 섹스가 끝난 다음에도 삽입 섹스를 원할 수도 있어. 그러니 갈 것 같은 느낌이 들지만, 아직은 절정에 달하고 싶지 않다면, 파트너에게 그 사실을 알려. 그러면 파트너가 속도를 줄이고, 더 부드럽게 움직이면서 오르가슴을 지연할 수 있을 거야.

어쨌든, 오르가슴을 느낄 것 같으면 **파트너에게 미리 알려**! 그리고, 원한다면 잠시 쉰 다음에…… 계속하는 거지!

오럴 섹스를 **동시에** 주고받으려면, 서로 머리를 반대 방향으로 하고 상대와 마주 보는 자세를 취하는데, 이 자세를 69(식스나인)이라고 불러. 69은 서로에게 만족감을 주는 행위지만, 복잡한 행위이기도 해. 그래서 오럴 섹스를 시도하는 처음 몇 차례에는 69을 시도하는 건 썩 권장할 일이 아니야.

경험이 많지 않은 경우, 69은 즐거움을 주는 데에도, 받는 데에도 집중하기 어려운 자세야. 두 사람 모두 집중력을 잃기 딱 좋은 자세지. 그렇지만, 함께 경험을 쌓으면서, 서로를 더 잘 알게 되고, 상대가 뭘 가장 좋아하는지 알게 되면, 69은 그 무엇보다도 만족스러운 행위가 될 거야.

나에게서 너에게로…… 👍

안녕하세요. 저는 여자 친구가 입으로 해주는 건 좋은데, 제가 해주는 건 싫어요. 어떡할지 모르겠어요. 가끔 여자 친구가 입으로 해달라고 하는데, 하고 싶지 않거든요. 어떨 때는 제가 참 못됐다는 생각이 들어요. 여자 친구는 거절한 적이 없고, 제가 즐거워하는 걸 보면서 좋아하거든요. 반대로 저는 입으로 해줄 때 부끄럽기도 하고, 약간 역겹다는 생각도 들어요. 어쩌면 좋을까요? **A. G., 17**

섹스란 주고받는 거야. 여자 친구가 오럴 섹스를 받는 걸 좋아한다는 사실을 알고 있잖아? 그렇다면, 썩 내키진 않더라도 조금 더 노력하는 게 어때? 자신을 조금 내려놓고, 파트너에게 너그럽게 행동해 봐. 그리고 파트너를 즐겁게 하는 데서 즐거움을 찾아보는 것도 좋을 것 같아. 노력하면 노력할수록 기대 이상의 즐거움을 느낄 수 있을 거야. **추시타**

😮 그거 알아……?

이집트 신화에는 실제로 펠라티오를 하는 묘사가 나와! 위대한 신이자 왕인 오시리스는 동생 세트에게 살해당했어. 세트는 오시리스를 열네 토막 낸 뒤 나일강에 버렸대. 오시리스의 아내 이시스는 마법을 쓸 수 있었는데, 가까스로 오시리스의 시신을 전부 회수하는 데 성공해. 딱 한 군데, 그곳만 빼고. 결국 이시스는 진흙으로 음경을 빚어 오시리스에 몸에 집어넣은 뒤 입으로 그걸 자극했어. 그렇게 이시스는 펠라티오를 해서 남편을 되살려냈대!

삽입 섹스

시간이 지나다 보면 전희에서 그치지 말고 실제로 질에 삽입을 해봐야겠다는 생각이 들 거야.

두 사람 모두 **질 삽입 섹스**하고 싶다고 하더라도, 서둘러선 안 돼. 전희가 먼저야. 전희는 흥분하는 데 도움이 되고, 삽입하기에 적절한 기분이 들 거야. 서로의 성감대를 자극하면서, 음부와 음경을 삽입하기에 적절한 상태로 만들어야 해. 흥분하지 않은 상태에서는, 삽입 자체가 어려울뿐더러 섹스가 즐겁지 않을 거야.

발기
음경이 **발기**한 상태가 아니면, 좀처럼 삽입할 수 없어. 그렇게 일이 꼬이면 더 초조해지면서 발기가 아예 풀려버릴 수 있어. 전희와 자위, 오럴 섹스는 음경이 더 강하고 단단하게 발기하는 데 도움이 돼.

윤활제
음부를 자극하면 천연 윤활제인 애액이 나와. 애액이 많이 나오면 **더 즐거운 섹스**가 될 수 있어. 어떨 때는 질이 충분히 젖지 않을 수 있는데, 그럴 때는 인공 윤활제를 발라야 해.

처음 삽입 섹스를 할 때는 무서울 거야. 가령, 아프면 어쩌지 하고 걱정이 되지. 삽입이 때때로 불편한 느낌을 주지만, 보통은 아프지 않아. 네가 남자라면, 윤활이 충분하지 않으면 불편한 느낌을 받을 수 있어. 또, 귀두나 음경의 피부가 따가울 수 있어. 네가 여자라면, 네 그곳이 처음으로 팽창하거나, 처녀막이 찢어질 때 통증이나 불편한 느낌을 받을 수 있어. 그렇지만, 이 모든 것들은 **인내와 상냥함, 계속하고자 하는 욕망**으로 극복할 수 있어.

 조언 한마디

처음 시작할 때는 《카마 수트라》를 시험해 볼 생각은 하들 마. 먼저, 두 사람 모두 편한 단순한 자세를 찾아. 다양한 체위 시도는 나중에 해도 늦지 않아!

새로운 행위를 할 때마다 새 콘돔이 필요해. 오럴 섹스를 하면서 콘돔을 썼는데, 이어서 삽입 섹스를 한다면 새 콘돔을 써야해. 사정하지 않았더라도 말이야. 콘돔이 마찰로 손상됐을 수도 있거든. 삽입하기 전에 콘돔을 발기한 음경에 씌워야 해. 때때로 콘돔을 씌우다가 발기가 풀릴 수 있는데, 섹스에 대한 열망과 파트너의 유혹, 적절한 손짓과 애무로 문제를 해결할 수 있을 거야.

바로 지금이야!

두 사람 모두 준비를 마친 상태라면, 그러니까 음경이 발기되고, 질이 젖고, 피임한 상태라면, **삽입을 시작해도 좋아.** 무턱대고 쑤셔 박거나 돌격하라는 뜻이 아니야. 하고 싶은 마음이 굴뚝 같더라도, **서두르지 말고 조**금씩 조금씩 부드럽게 삽입해. 미친 듯이 빠른 속도로 움직이지 말고. 두 사람 모두 불편한 느낌을 받지 않는 게 중요해.

입술이라던가, 몸의 다른 곳을 자극하는 것도 잊지 마. 삽입 섹스는 키스와 애무가 함께 할 때 더 즐거워. 그러니 키스하고 애무해. 매 순간을 느끼고, 작은 움직임 하나하나를 즐기려고 음미해. 오르가즘이라는 목적지에 빨리 가려고 애쓰지 마. 여정 그 자체가 중요하니까.

노력과 에너지

천천히 부드럽게 움직이라는 말은 움직이면서 소리를 내지 말라거나, 최대한 움직이지 말라거나, 최소한의 힘만 써서 움직이라는

말이 아니야. 오히려 그 반대에 가까워! 물론 곡예사처럼 몸을 빌빌 꼬라는 말은 아닌 거 알지? 아무튼, 열정적이고 **리드미컬**하게 움직여야 해. 그리고 힘든 일은 두 사람이 같이하는 게 좋아. 한 사람은 있는 힘껏 움직여서 탈진할 지경인데, 다른 사람은 손가락 하나 까딱하지 않으면 곤란하다는 소리야. 그러지 말고, 서로의 리듬에 맞춰 함께 움직여. 어떤 사람은 파트너와 사랑을 나누는 것을 춤에 비유해. 춤도 추면 출수록 파트너와 호흡이 더 잘 맞게 되잖아. 결국 연습이 중요하다는 거지.

말하기……

우리가 낼 수 있는 소리가 거친 숨소리와 헐떡거리는 소리가 다가 아니잖아! 섹스하면서 무슨 말을 한다는 게 이상하게 들릴지 모르지만, 막상 섹스가 시작되면 생각이 변할 거야! **파트너에게 귓속말을 속삭이는 것**과 파트너에게 귓속말을 듣는 것은 엄청 짜릿한 일이거든!

명심해. 말을 하라는 거지, 무슨 기나긴 대화를 나누라는 게 아니야!

BY **추시타**

"좋았다."는 말은 파트너를 무척 상기시킬 거야. 그리고 파트너에게 어떻게 해줬으면 좋겠다고 말하는 것도 좋아. 더 노골적으로 말할수록 파트너가 더 자극될 거야. 또 파트너에게 지금 해주고 있는 게 기분 좋은지, 아니면 특별히 해줬으면 하는 다른 무언가가 있는지 물어보는 것도 좋아.

사랑하지 않는 사람과 섹스를 했다면, 도중에 사랑한다는 말을 하진 마. 섹스하면 복잡한 감정이 들기 때문에 자기 마음이 헷갈릴 수 있다는 사실을 잊어선 안 돼. **그러니 사랑한다는 표현은 뒤로 미루는 편이 나아.** 사랑한다는 말은 가슴 속 깊숙한 곳에서 우러나와야 하는 말이고, 또 책임을 져야 하는 말이니까. 파트너의 마음을 가지고 놀거나…… 놀라게 할 필요는 없잖아!

어떤 사람은 **야한 말**을 듣는 걸 좋아해. 야한 말은 처음 몇 번 섹스하면서 조금씩 조금씩 해 보는 편이 좋아. 까딱 잘못하면 의

최고의 대사

정말 좋다.
그거 진짜 기분 좋아.
엄청나게 흥분돼.
계속해……
진짜 잘한다!
그래, 그거야!
더, 더 해……

도한 바와 다른 역효과가 나타날 수 있거든. 두 사람 모두 야한 말을 즐긴다면, 상대에게 야한 말을 하는 건 당연해. 그렇지만 야한 말이 자연스럽게 떠오르지 않을 때는 굳이 하지 않아도 돼.

나에게서 너에게로……

사귀는 남자애가 있는데요. 우리 둘 다 그걸 해보고 싶어요. 그런데 우린 너무 어리잖아요? 친구들은 우리보고 미쳤대요. 어쩌면 좋죠? **L. P., 13**

언제 처음으로 사랑을 나눌지 결정할 사람은 너희 친구가 아니야. 중요한 결정이니 남자 친구와 함께 논의하도록 해. 조언을 듣는 건 좋지만, 결정은 오롯이 너희 몫이야. 섹스를 해 보고 싶고, 할 준비가 됐다는 생각이 든다면, 그리고 모든 상황이 적절하다면, 해 봐. 섹스를 할 때는 책임감과 피임 도구가 필요하다는 사실을 명심하고. 그렇지만, 반대로 섹스를 꼭 해야 한다고 부담을 느낄 필요는 없어. 섹스는 자연스럽게 일어나는 일이니까. 하고 싶은 순간에 자연히 알게 될 거야. 그 순간이 언제인지도 알게 될 거고. **추시타**

바라보기

어두운 데에서 섹스할 수는 있지만, 파트너가 즐거워하는 모습을 바라보고…… **파트너의 눈을 바라보는 건** 무척 기분 좋은 일이라는 사실을 기억해. 시각은 감정을 공유하기에 가장 좋은 감각이야. 시선을 맞추고 그 상태를 유지하는 건 상대에게 기쁨을 주고 서로의 가장 섹시한 모습을 끌어내는 데 도움이 돼.

눈짓을 주고받고 서로를 응시하면, 욕망이 강해지기 마련이야. 이런 비언어적인 의사소통은 말로 표현할 수 없는 감정을 공유하는 데 무척 유용해. 눈을 통해 상대를 향한 애정을 표현하고, 지금 하는 게 좋은지 (아니면 싫은지) 드러내고, 지금 얼마나 즐기고 있는지 보여줄 수 있어…… 눈을 이용하면 두 사람 모두의 안정감과 자존감을 높일 수 있어.

선교사와 아마존

이제 막 시작한 단계라면, 일단은 **기본적인 체위**를 권하고 싶어. 기본이 기본인 데는 다 이유가 있어. 재미가 없는 체위라서가 아니라, 그 반대라서 기본인 거라고! 수 세기에 걸쳐 수백만 명이 넘는 연인들에게 즐거움을 준 체위이니 그 점을 높이 고려해!

모든 체위 가운데 가장 유명하고 널리 쓰이는 체위는 **선교사 체위**야. 남자가 여자 위에 올라가는 체위인데, 편안하고, 난도가 낮고, 음경을 질에 삽입하기 쉽고, 지스팟을 자극하기 수월하다는 장점이 있어. 또 키스하고,

절대 해선 안 되는 것들……

- 파트너의 결점에 관해 이야기하기.
- 파트너를 전 애인이나 다른 파트너와 비교하기.
- 관계 중에 셀카 찍기.
- 관계 도중 멈추고 전화 받기.
- 이 기회를 틈타 마음속에 있던 말 쏟아내기.
- 파트너를 다른 사람 이름으로 부르기.
- 파트너를 모욕하거나, 저질스러운 말을 야한 말로 착각하기.

애무하고, 상대와 시선을 맞추기에도 좋은 체위야. 남자가 위에 올라간다고 해서 남자 혼자 움직일 것이라는 편견은 버려. 남녀 모두 골반을 리드미컬하게 움직여서 즐거움을 더할 수 있으니까. **아마존 체위**는 여자가 위로 올라가는 선교사 체위라고 할 수 있는데, 마찬가지로 널리 쓰이는 체위야. 서로의 눈을 응시하기에 좋은 체위지. 둘 사이에 적절한 거리가 생기면서 뜨거운 시선 교환을 할 수 있거든. 여자가 남자 골반 위로 올라가서 반쯤 앉는 자세기 때문에 삽입은 여자가 주도적으로 해야 해. 삽입한 뒤, 함께 같은 리듬으로 움직이면, 두 사람 모두 큰 즐거움을 느낄 수 있어.

변형 체위

아마존 체위와 선교사 체위에는 리듬을 맞추는 데 도움이 되는 변형 체위가 있어. 여기 팁을 몇 개 줄게.

- 네가 위에 있든 아래에 있든, 골반을 수축한 채로 다리를 좁혀 봐. 성기에 더 큰 압력이 가해지면서 자극이 강해질 거야. 너와 파트너 모두 효과를 느낄 수 있을걸.
- 날씬한 체형이라면, 허리로 아치를 만든 상태에서 골반을 뒤로 젖히고 앞뒤로 살살 움직여. 더 강렬한 마찰감을 느낄 수 있을 거야.
- 네가 아래쪽에 있다면, 무릎을 구부리고 위에 있는 파트너의 허리에 다리를 감아봐. 더 깊게 삽입할 수 있을 거야.
- 아래 있는 사람이 다리를 들어서 상대의 어깨 위에 올리면, 위에 있는 파트너가 더 강하게 왕복 운동을 할 수 있어. 더 강렬한 삽입을 경험할 거야.

하다 보면, 네가 좋아하는 체위가 생겨. 창의력을 발휘하려면 용기를 내야 해!

다른 체위들

토템 폴 체위: 남자가 선 채로 여자를 껴안고, 여자는 팔과 다리로 남자를 감싸는 체위야. 남자에게 강한 근력이 필요한 체위지. 균형을 유지할 수 있다면 무척 즐거운 체위야!

랩톱 체위: 한 사람이 침대나 의자에 앉으면, 다른 사람이 상대의 무릎 위에 걸터앉아 삽입하는 체위야. 얼굴을 마주보는 자세와 여자가 등을 보인 채로 위로 올라가는 자세, 두 가지 형태가 있어.

자전거 체위: 여자가 선 채로 몸을 살짝 앞으로 기울여서 벽에 손을 대면, 남자가 뒤쪽에서 질에 삽입하는 자세야. 깊고 강렬한 삽입을 즐길 수 있는 신선하고 관능적인 체위야.

연꽃 체위: 서로를 바라보면서 두 사람 모두 침대에 앉아. 그런 다음에 다리를 교차하고, 상대를 꼭 껴안으면서 성기를 마주 대. 이 체위는 가슴이 맞닿는 데다가 키스하기도 쉬운 체위라, 진한 애정을 느낄 수 있는 가장 친밀한 체위야.

파이선 체위: 우선 일반적인 선교사 체위나 아마존 체위로 시작한 다음에 위에 있는 사람이 아래 있는 사람에게 기대면서 몸을 쫙 펴는 체위야. 서로의 몸이 완벽하게 겹치면서 강하게 밀착하고, 성기에 강한 압력이 가해지기 때문에 굉장한 쾌감을 느낄 수 있어!

얼마나 오래 할까?

삽입 시간은 다양해. 짧게는 1~2분부터 길게는 30분까지 걸릴 수 있어! 몇몇 연구에 따르면 평균 삽입 시간은 7분 정도고, 이상적인 시간은 7분에서 13분 정도야. 그렇지만, 삽입 시간을 기록하거나, 삽입 시간을 늘리기 위해서 훈련을 할 필요는 없어. 중요한 건 얼마나 오래 하느냐가 아니라 얼마나 즐기느냐니까. 각자에게 맞는 시간 동안 하면 돼. 긴장 풀고, 마지막에 두 사람 모두 만족할 수 있도록 노력해.

오르가슴 알리기

절정을 느끼고 오르가슴에 도달할 것 같은 **느낌이 쌓이면**, 파트너에게 그 사실을 알려줘. "할 것 같다!"거나 "준비됐다!"는 식으로 단순하게 표현하면 돼. 그래야 상대가 그에 맞는 행동을 하고, 그 순간을 함께 즐길 준비를 할 수 있어.

멋진 섹스를 하기 위해서 곡예사가 될 필요는 없어. 누구에게나 자신에게 맞는 체위가 있다고!

BY 추시타

동시에 오르가슴을 느끼는 것은 끝내주는 일이지만, 실제로 그렇게 되기는 어려워. 관계 초창기에는 더더욱 그렇고. 그러니 동시에 느끼는 것을 목표로 삼을 필요는 없어. 동시에 느끼지 못한다고 걱정할 필요도 없고. **각자 자신의 속도로** 오르가슴을 느낄 수 있도록, 즐거움을 주고받는 데 집중해.

오르가슴 연장하기

너나 파트너가 오르가슴에 도달할 거 같을 때, 원한다면 **즐거움을 연장**할 수 있어. 이런 말을 한다고 부끄러워할 필요는 없어. 두 사람 모두에게 즐거운 일인데 뭐. 느낌이 올 때 잠시 멈춘 상태로 20초에서 30초 정도 가만히 있어 봐. 몸에 힘이 되돌아오면서 오르가슴에 도달하기 전까지 조금 더 오래 움직일 수 있을 거야. 그렇지만, 모든 일이 그러하듯이 오르가슴을 지연하려면 연습을 해야 해. 처음에는 움직이지 않는데도 오르가슴을 피할 수 없을 거야. 오르가슴을 지연하는 것은,

상급자용 기술이야!

여자끼리 하는 섹스는 어떤 식일까?

여성 간 섹스는 자위나 오럴 섹스가 다가 아니야. 성기를 맞대고 문지르는 것도 중요한 부분이라고. 손가락이나 섹스 토이를 이용해서 삽입을 할 수도 있지만, 항상 삽입할 필요는 없어! 여성 간 섹스는 흔히 상대의 성기를 서로의 **허벅지로 문지르는 것**으로 시작해. 그런 다음에는 마주 보고 누워서 서로의 클리토리스를 만지는 식이야.

손가락이나 전용 섹스 토이를 써서 삽입을 주고받으면 즐거움을 배가할 수 있어! 손가락을 여러 개 이용하면 다양한 동작을 할 수 있고, 심지어 굵기를 조절할 수도 있어서, 다양한 감각을 느낄 수 있어. 앞에서 언급한 체위 가운데 상당수는 여성끼리 섹스할 때도 쓸 수 있는 체위야. 어떤 체위로 할 때는 둘 중 한 사람이 딜도("판타지와 섹스 토이" 장에서 이 기구를 찾아볼 수 있을 거야)를 써서 삽입하거나, 두 사람의 질에 동시에 삽입할 수 있는 전용 기구를 써야 할 거야.

가위 체위는 성기를 문질러 더 강렬한 기분을 느낄 수 있고, 더 친밀한 시간을 보낼 수 있는 자세야. 마주 보고 앉은 채로, 팔꿈치나 손으로 몸을 지탱하면서 몸을 뒤쪽으로 기울여봐. 두 사람 모두 가위를 벌리듯 다리를 벌리고, 성기를 맞댄 다음에 문질러봐.

처음 해야 할 일은 음부끼리 살며시 누르면서 클리토리스를 맞대려고 시도하는 건데, 이때는 부드럽게 움직여야 해. 그런 다음에는 체위를 얼마든지 바꿀 수 있어. 이때부터는 연습과 상상력, 열정의 문제야!

한 사람이 느끼지 못할 때……

둘 중 한 사람이 오르가슴을 느끼지 못하면, 어쩔 수 없는 일이라 여기면서 불만족스러워해야 할까? 천만에! 두 사람 모두 절정에 이르기 위해서 여러 방식을 **계속 시도하는 게 나아.**

여자가 먼저 절정을 느낄 때는 보통 별문제가 없어. 삽입을 계속할 수 있으니, 남자도 조만간 오르가슴을 느낄 수 있거든. 그렇지만, 때때로 여자가 오르가슴을 느낀 뒤에 질이 수축하면서 남자가 음경에 통증을 느낄 때도 있어.

남자가 먼저 절정을 느낄 때는, 보통 발기가 풀릴뿐더러 설령 발기가 풀리지 않더라도 여자가 느낄 때까지 삽입을 계속할 체력이 남지 않은 때가 많아.

어떤 경우든 최대한 흥분을 이어가면서 오럴 섹스나 애무, 자위를 통해 계속해서 상대에게 즐거움을 주도록 해. 이기적으로 굴지 말고!

관계 후

오르가슴을 느끼면서 섹스가 끝나면, 이제 다 끝났다는 생각이 들 수도 있지만, 관계를 맺은 뒤에는 **침착하게** 행동해야 해. 끝나자마자 한 사람이 후다닥 가버리면, 남은 사람이 몹시 민망하거든. 그렇다고 관계 후에도 파트너가 힘이 넘칠 거라고 기대하는 것도 곤란해. 관계가 끝난 다음에 시간이나 에너지가 많이 드는 일을 같이 하자고 하지 말라는 소리야. 입을 꾹 다문 채로 아무 말도 없는 것도 좋지 않아. 상대에게 시간과 공을

나에게서 너에게로…… 👍

남자 친구랑 섹스한 지 1년 정도 됐는데, 한 번도 오르가슴을 못 느껴서 속상해요. 오르가슴을 정말 느껴보고 싶거든요. 어쩌면 좋을까요?
A. M., 18

너무 속상해하지 말고 마음 풀어! 섹스는 단순한 육체적 경험이 아니라, 정신적 경험이기도 해. 오르가슴도 마찬가지야. 오르가슴을 느끼려면 두 가지가 필요해. 우선 자신을 잘 알아야 하고, 오르가슴을 느낄 수 있는 특정한 기분이 들어야 해. 자신의 가장 예민한 성감대가 어디인지 찾아낸 다음에 남자 친구에게 그곳을 자극해 달라고 해봐. 그리고 사랑을 나눌 때 새로운 체위나 테크닉을 써봐. 네가 오르가슴을 느끼지 않았는데 남자 친구가 먼저 절정에 달했다면, 너도 오르가슴을 느낄 수 있도록 남자 친구에게 오럴 섹스를 해달라고 해봐.
추시타

들여봐. 서로를 애무하고, 키스하고, 이야기를 나누고, 긴장을 풀면서 상대를 기쁘게 하려고 노력해. 설령 작별 인사를 해야 한다고 하더라도 가능한 한 상대를 기쁘게 하는 편이 낫잖아.

다음에는?

즐거운 시간을 보낸 뒤에는 즐거운 기분이 들기 마련이야. 괜히 지난 일을 떠올리며 후회하거나 자기가 잘했는지 걱정하면서 기분을 망칠 필요는 없어. 그냥 이번에 파트너와 함께 **얼마나 즐거웠었는지** 떠올리며 행복한 기분을 즐기라고. 만약 특별히 무언가가 잘 안 되었거나, 이제 시간이 조금 지나고 나서 보니 무엇을 더 잘할 수 있겠다는 생각이 든다면, **기록으로 남기도록 해!** 다음에 더 잘해 보라고.

만약 무척 실망스러운 경험을 했고, 최악이라는 생각이 든다면, 기뻐하는 대신에 왜 그런 일이 일어났는지 이유를 살펴보는 것도 좋아. 파트너 때문에 기분이 좋지 않았거나, 하고 싶지 않은 무언가를 강요받았다는 느낌이 든다면, 파트너와 거리를 두도록 해. 명심해. 이 세상에서 네가 가장 충실해야 하는 사람은 다름 아닌 너 자신이야. 너를 진정으로 사랑해주고, 다른 누구보다도 너를 위해줄 사람은, 바로 너야.

다시, 또다시······

두 사람 사이의 관계가 진전되면, 성관계를 하게 되고, 그러면 성생활이 점점 **더 향상되고 풍부해지기 마련**이야. 두려워하지 말고 이런저런 실험을 해 봐! 너와 파트너에게 모두 좋은 일인데, 시도하지 않을 이유가 없잖아? 섹스의 세계는 끝이 없어. 질에 삽입하는 게 다가 아니야. 그리고 커플의 성생활을 풍요롭게 하는 데 도움을 주는 테크닉과 섹스 토이도 있어. 이런 것들을 놓치지 마!

최악의 행동들 😡

곧바로 잠들기: 그래. 힘을 많이 소비했다는 건 알겠어. 그렇지만 곯아떨어지기 전에 최소한 상대에게 얼마나 좋았는지 정도는 말하지 그래?!

미친 듯이 휴대전화 확인하기: 분명하게 말하지만 무례한 일이야. 게다가 섹스가 끝나자마자 휴대전화에 빠지면, 방금 한 섹스가 만족스럽지 않았다는 듯한 인상을 줘. 세상에 아무리 급한 일이 있다고 한들, 5분에서 10분 정도는 기다릴 수 있지 않을까?

뛰쳐나가기: 지금 아주 바쁜 상황일 수도 있고, 어쩌면 지각을 하게 될지도 모르겠지만, 5분 정도 시간을 내서 관계 후의 행복한 시간을 즐기고, 파트너가 괜찮은지 확인하도록 해. 그런 다음에 상냥하게 작별 인사를 건네고.

애널 섹스 ⚲

애널 섹스는 성 지향성이 어떻든 누구나 할 수 있는 **정상적인 행위**야. 남자와 여자 모두 애널 섹스를 즐길 수 있어. 애널 섹스를 하고 싶은 사람에게 필요한 것은, 두 사람 모두 하고 싶은 의사뿐이야.

항문은 신체에서 가장 **민감한 성감대**야. 신경이 밀집된 곳이거든. 윤활제를 충분히 바른 상태에서 항문을 자극하는 것은 가장 자극적인 행위인 동시에 새로운 감각의 세계를 열어주는 행위야.

터부는 인제 그만!

많은 이성애자 남자들은 항문으로 쾌감을 느끼는 것을 두려워해. 그렇지만, 걱정하거나 무서워할 이유는 없어. 자신의 몸을 써서 애널 섹스가 얼마나 즐거운지 실험하는 것은 나쁜 일이 아니야. 또한 자신의 성 정체성을 흔드는 일도 아니고. 이 또한 하나의 실험이야! 양쪽이 다 동의한다면, 여자가 남자 파트너를 상대로 애널 섹스를 할 수 있어.

위생은 철저하게

애널 섹스하기 전에 그곳을 **청결**하게 하는 것은 중요해. 청결을 100% 보장해 주지는 못하지만, 반드시 물과 비누를 충분히 써야만 해. **손가락과 손톱**을 꼼꼼히 닦는 것도 중요해. 그리고 손톱은 가능한 한 짧게 깎는 편이 좋아. 손톱이 길면 항문에 삽입했을 때 긁히거나 생채기를 줄 수 있으니까.

조심, 또 조심

분명, 원치 않은 임신이라는 위험성은 없지만, 애널 섹스는 성병을 옮길 위험이 가장 높은 성행위야. 항문에는 수많은 박테리아가 모여 있는 데다가, 민감한 곳이라서 자잘한 상처가 나기 쉽거든. 그러니 조심하고, 항상 콘돔을 써야만 해.

애널 섹스는 누구나 시험해 볼 수 있는 가장 즐거운 성행위 가운데 하나야.

BY 쭈시타

윤활제, 쓰느냐, 마느냐의 문제가 아니다.
질과 달리 항문에서는 천연 윤활액이 나오지 않아. 그대로는 삽입이 쉽지 않다는 의미지. 그래서 **건강하고 즐거운** 애널섹스를 하려면 윤활제 사용은 **필수야.**

침은 은밀한 곳에 쓰기에는 좋은 윤활제지만, 애널 섹스를 할 때는 침으로는 부족해. 가장 좋은 방법은 약국이나 전문용품점, 마트에 가서 **전용 윤활제(섹스 젤)**를 사는 거야. 그곳을 부드럽고 촉촉하게 하는 데 도움이 될 거야.

성행위에 가장 적절한 윤활제는 물을 기반으로 만든 수성 윤활제야. 오일 기반 윤활제처럼 콘돔을 훼손하지 않거든. 그리고 바셀린은 감염을 일으킬 위험이 있으니, 바셀린이 들어 있는지 꼭 확인해야 해. 어쨌든, 워낙 다양한 용도의 윤활제가 있다 보니, 애널 섹스 전용으로 나온 윤활제를 찾을 수 있을 거야. 애널 섹스 전용 윤활제는 보통 밀도와 점성이 더 높아. 사용도 간편해서 항문에 몇 방울 정도 바르고, 콘돔을 씌운 음경 위에도 몇 방울을 바르면 돼. 윤활제 가운데는 즐거운 감각을 고조하기 위해서 상쾌한 느낌을 주거나, 향이 좋은 윤활제도 있어.

애널 섹스 준비하기

항문에 윤활제를 바르면서 **에로틱한 마사지**를 해줄 수 있어. 에로틱한 마사지는 항문을 풀어주고 삽입을 용이하게 하는 효과가 있어. 손가락으로 항문을 자극하면, 항문을 넓히고 삽입 시 고통을 줄이는 데 도움이 돼. 마사지할 때는 원을 그리는 방식으로 움직이면서 천천히 손가락을 넣어. 음경을 삽입할 때는 조심스럽고 천천히 삽입해야 해.

> 나에게서 너에게로…… 👍

> 남자 친구와 만난 지 여섯 달 때쯤 됐어요. 처음에는 남자 친구가 관계에서 능동적인 역할을 맡고 싶어 했고, 저는 수동적인 역할에 만족했어요. 최근, 남자 친구가 역할을 바꾸고 싶어 해요. 저보고 삽입하라는 거예요. 시도해 봤지만, 제 성기가 말을 듣지 않았어요. 발기가 되지 않더라고요. 어쩌면 좋죠? **L. M. S., 18**

> 모든 관계에서 두 파트너가 서로에게 너그럽게 행동해야 한다는 사실을 명심해. 긴장하거나, 깜짝 놀랐거나, 생소한 일을 할 때면, 그런 일이 생길 수 있어. 그렇지만, 어떤 일이 한 번 잘못됐다고 해서 앞으로도 항상 잘못될 거라는 의미는 아니야. 혼자서 연습을 해보고, 이 새로운 행위가 네게도 얼마나 큰 즐거움을 줄지 상상해 봐. 그렇게 했는데도 흥분이 일지 않거나, 정말로 하고 싶지 않다면, 파트너에게 솔직하게 털어놔. 오럴 섹스나 자위, 전용 섹스 토이가 발기 문제를 해결하는 데 도움이 될 거야. **추시타**

그렇게 하면 두 사람 모두 그 순간을 100% 즐길 수 있을 거야.

남자끼리 하는 섹스는 어떤 식일까?

남자 둘이 할 때는 서로의 역할을 정하는 경향이 있어. 어떤 남자는 상대의 삽입을 받아들이는 **수동적인 역할**을 선호하고, 다른 남자는 상대의 항문에 삽입하는 **능동적인 역할**을 선호하는 식이야. 그렇지만, 두 역할을 번갈아서 하는 **유동적인** 사람도 있어.

자기가 어떤 역할을 선호하는지 알아보려면, 우선 모든 걸 다 경험해 볼 필요가 있어. 성관계를 할 때 내면의 목소리에 귀를 기울이고, 자기가 무엇을 더 하고 싶어 하는지 알아내 봐. 파트너와 이야기를 나누고, 각자가 어떤 역할을 맡을지 정하는 게 보통이야.

관계 시에는 두 사람 다 **흥분**하고 **발기**해야 해. 뒤쪽에서 삽입할 때, 능동적인 역할인 파트너는 수동적인 파트너의 성기를 뒤쪽에서 자극하면서 더 큰 즐거움을 줄 수 있어. 만약 파트너에게 손이 닿지 않는 상황이라면, 능동적인 파트너가 삽입에 집중하는 동안에 수동적인 파트너가 직접 자위하면 되고.

두 사람은 함께 절정을 맞을 수도 있고, 따로 절정을 맞을 수도 있어. 함께냐 따로냐는 중요치 않으니, 절정을 즐기는 데 오롯이 집중해.

체위

스푸닝 체위 : 침대에 옆으로 누워서 다리를 앞으로 살짝 굽힌 체위야. 수동적인 파트너가 앞쪽에 눕고, 능동적인 파트너가 뒤쪽에 누워서 삽입하는 거지. 서로가 완전히 밀착하기 때문에 달콤한 포옹을 할 수 있어.

코끼리 체위: 수동적인 파트너가 침대나 바닥에 엎드리면, 능동적인 파트너가 상대의 골반을 들어 올리고 삽입하는 체위야. 깊은 삽입이 가능하고, 양쪽이 모두 움직임을 조절할 수 있어.

도기 스타일 : 질 삽입 섹스나 애널 섹스 모두에 흔히 쓰이는 체위야. 수동적인 파트너가 손을 침대나 바닥에 올리고 등을 쭉 편 채로 네 발로 엎드리면, 능동적인 파트너가 상대의 엉덩이를 쥔 채로 뒤쪽에서 삽입하는 자세야. 큰 쾌감을 느낄 수 있는 체위지!

흔들 목마 체위 : 능동적인 파트너가 침대에 똑바로 누워서 다리를 벌리고 골반에 살짝 아치를 만들면, 수동적인 파트너가 상대를 바라보는 방향으로 그 위에 앉아서 뒤쪽으로 등을 살짝 굽히는 체위야. 수동적인 파트너가 조금 더 쉽게 움직일 수 있는 자세라 더 즐거운 경험을 할 수 있을 거야!

카우보이 체위: 삽입하는 파트너가 다리를 일자로 한 채 침대에 똑바로 누우면, 다른 파트너가 등을 보인 채로 그 위에 올라탄 뒤 앞쪽으로 살짝 수그린 자세야. 이름 그대로, 위에 올라간 파트너가 상대의 음경을 타는 자세지!

매직 마운틴 체위: 수동적인 파트너가 무릎을 꿇은 채로, 미리 쌓아 놓은 베개나 쿠션 더미 위에 상체를 기대면, 능동적인 파트너가 뒤쪽에서 삽입하는 자세야. 능동적인 파트너가 손을 써서 상대의 성기를 자극할 수 있는 체위지!

남자가 여자에게 삽입할 때

여자가 애널 섹스로 오르가슴을 느끼려면, **클리토리스**를 함께 자극해야 해. 그렇지만, 체위에 따라서 남자가 클리토리스를 자극하기 어렵거나, 아예 클리토리스에 손이 닿지 않을 때도 있어. 그럴 때는 남자는 삽입에 집중하고, 여자가 직접 클리토리스를 자극해야 해.

여자가 남자에게 삽입할 때

손가락으로 음경을 대신할 수 있어. 처음에는 **집게손가락의 끝부분**만 삽입해. 그러면 항문이 풀리면서 넓어질 텐데, 그때 다른 손가락을 삽입하면서 굵기와 깊이에 변화를 줘봐. 부드럽고 리드미컬하게 움직여야 해.

맨손으로 하고 싶지 않다면, 손가락에 **콘돔**을 씌워봐. 콘돔에는 항문 점막에 상처가 나면서 오물이나 박테리아 침범하는 일을 막아주는 기능도 있어. 항문과 콘돔에 윤활제를 바르는 동시에 손가락에도 침을 바를 수 있어. 그러면 라텍스 아래에서 파트너의 몸을 더 수월하게 탐험할 수 있을 거야.

> 🙀 **그거 알아……?**
> 고대 그리스에서는 남성 간 애널 섹스가 어찌나 흔했는지, 표면에 애널 섹스를 묘사한 항아리도 있어

기타 주의사항

- 손톱을 칠한 상태라면, 손가락을 항문에 넣지 않는 편이 좋아. 매니큐어는 항문

점막에 유독 물질을 주입할 수 있어.

- 항상 자신과 파트너 모두 편안한 자세를 찾으려고 노력해야 해. 둘 중 한 사람이라도 자세가 불안정하거나 자세를 유지하는 데 힘이 많이 들 경우, 삽입이 고통스럽거나 항문이 찢어질 수 있어.
- 애널 섹스를 한 다음에 오럴 섹스나 질 삽입 섹스하고 싶다면, 두 사람 모두 우선 화장실에 가서 성기와 손을 꼼꼼히 씻도록 해.
- 절대 같은 콘돔을 써서 애널 섹스와 질 삽입 섹스, 오럴 섹스를 해선 안 돼. 새로운 성행위를 할 때는 반드시 새로운 콘돔을 써야 해.
- 출혈이 났다면, 직장에 상처가 났거나 결장에 문제가 생겼을 수 있어. 그러니 의사에게 진찰받기 전에는 애널 섹스를 하지 않는 편이 나아. 우선 건강 문제를 처리하고, 그런 다음에 즐기라고!

그다음에는?

애널 섹스는 파트너끼리 얼굴을 볼 수 없는 행위이기 때문에 끝난 다음에 서로 얼굴을 보고, **둘 다 만족했는지** 확인하는 편이 좋아. 둘 중 한 사람이 오르가슴을 느꼈을 수도 있고, 두 사람 모두 느꼈을 수도 있어. 또 어쩌면 아무도 느끼지 못했지만, 계속하고 싶을 수도 있고……

자신에게서 애널 섹스를 할 권리를 박탈하지 마!

😇😊 판타지와

솔로든 커플이든, 누구에게나 성적 판타지가 있기 마련이야! 남에게 털어놓지 않지만 말이야. 성적 판타지는 **자연스럽게 일어나.** 특이한 상황에 놓인 자신의 모습을 상상하는 인간의 근본적인 부분이라 할 수 있지.

성적 판타지가 있다고 해서, 반드시 실행에 옮길 필요는 없어. 성적 판타지는 대부분 **개인적인 게임**이야. 현실에서 절대 일어나지 않을 일을 상상 속에서 시각화해 보는 게임이지. 성적 판타지는 욕망과 흥분을 먹고 자라면서, 점점 거대해져. 그렇지만 성적 판타지를 혼자서만 간직할 필요는 없어. 신뢰하는 파트너와 성적 판타지를 공유하면, 놀라운 일이 일어날 수 있다고!

어떤 판타지는 현실에서 재현하기는 불가능할 수도 있는데, 바로 그 이유 때문에 무척 큰 흥분을 느낄 수 있어! 그렇지만, 실제로 실행할 수 있는 판타지도 있어. 물론 자신과 파트너가 모두 하고 싶고, 둘 다 동의해야겠지만 말이지. 성적 판타지를 실제로 해보는 것은 **성생활을 풍요롭게 하는** 무척 즐거운 행위야.

딜도
성인용품점에 가면 온갖 형태의 딜도를 볼 수 있을 거야. 상상할 수 있는 모든 종류의

성적 판타지는 성적 욕망과 흥분을 점점 강하게 만들어. 파트너와 성적 판타지를 공유하면 엄청난 일이 일어날 수 있어!

BY 추시타

딜도가 있다고! 가장 기초적인 모델은 음경처럼 생긴 딜도인데, 크기와 형태가 다양해. 그렇지만, 종류가 워낙 다양하다 보니 특정한 성행위에 맞는 전용 딜도를 찾을 수 있어. 가령, 클리토리스와 질을 동시에 자극하는데 특화된 딜도도 있고, 애널 섹스를 염두에 두고 만든 딜도도 있어. 물론 각 딜도는 여러 용도로 쓸 수 있어!

흔한 판타지들
..... 섹스하는 동안 다른 누군가가 지켜보는 상상.

..... 실제 연예인이나 아이돌과 섹스하거나, 아예 모르는 사람과 섹스하는 상상.

..... 셋이서 스리섬을 하는 상상.

..... 이성애자가 성별이 같은 사람과 섹스하는 상상, 혹은 동성애자가 성별이 다른 사람과 섹스하는 상상.

..... 포르노 배우처럼 경험이 많은 섹스 머신이 되는 상상.

섹스 토이

모든 딜도는 재질이 무엇이든 간에 콘돔을 써서 사용해야 해. 그래야 점막을 보호하고 감염이 일어날 위험을 없앨 수 있어. 또, 사용하는 구멍을 바꿀 때는 콘돔 역시 바꿔야 해.

즉석 장난감

성인용품점에 온갖 종류의 섹스 토이가 있긴 하지만, 돈을 들이지 않고도 파트너와 새로운 행위를 할 수 있는 방법이 있어. 파트너와 에로틱하고 즐거운 경험을 하는 데 도움을 주는 일상용품이 얼마든지 있거든. 여기 예를 몇 개 들어볼게.

- **깃털**: 상대의 몸을 간지럽히기에 딱이야. 심지어 그곳을 간지럽힐 수도 있다고!

- **손수건**: 다양한 방식으로 활용할 수 있어. 눈가리개로 쓰거나, 수갑으로 쓰거나…… 또 뭘 해보고 싶어?

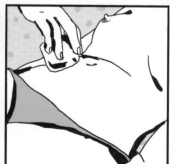

- **신발 끈**: 몸 위에 올려 마사지를 할 수도 있고, 클리토리스에 더 큰 쾌감을 주기 위해서 음경 아래쪽에 느슨하게 묶을 수도 있어.

- **스카프**: 길면 길수록 좋아. 스카프를 써서 두 사람의 몸을 하나로 칭칭 휘감는 게임을 해 봐…… 마지막에 스카프를 묶게 되는 사람이 이기는 거지!

- **붓**: 상대를 간지럽히고 마사지하는 무척 관능적인 도구야. 또 상대방의 몸에 섹시한 말을 적을 수도 있어. 그렇지만 물감으로 사용하는 것이 식용인지 아닌지 꼭 확인해야 해! 초콜릿 시럽을 써 보는 것도 괜찮은 방법이야.

- **벨트**: 상대를 유혹하거나, 끌어안거나, 에로틱한 춤을 출 때 안성맞춤이야…… 함께 더 많은 것을 시험해봐.

에로틱한 게임들

상상력을 발휘하면, 매혹적인 게임을 만들 수 있어. 여기 아이디어를 몇 개 줄게.

- **주사위 이용하기**: 종이 두 장에 1점부터 6점까지 적힌 목록을 만들어. 종이 한 장에는 애무하기, 핥기, 키스하기, 빨기 등 동사를 적고, 다른 한 장에는 입, 귀, 배꼽, 엉덩이 등 신체 부위를 적으면 돼. 그리고 주사위를 두 번 던져서 첫 번째 주사위로 뭘 할지 정하고, 두 번째 주사위로 어디에 할지 정하는 거야.

흥미로운 사실들

역사에서: 최초로 바이브레이터를 발명한 사람은 이집트의 파라오 클레오파트라고 해. 클레오파트라는 속이 빈 박에 벌을 집어넣은 뒤 그 진동을 즐겼대!

의학에서: 최초의 현대적인 바이브레이터는 19세기 후반 영국에서 탄생했어. 이 바이브레이터는 음경처럼 생긴 기구였는데, 전류가 흐르는 물건이었대! 여성의 히스테리를 치료하는 용도로 사용했다고 하더라고!

동물의 왕국에서: 거미 중에는 수컷이 암컷을 실로 묶고 교미하는 종도 있다. 암컷은 교미 중에 옴짝달싹하지 못하는 것처럼 보이지만, 정작 교미가 끝나면 직접 줄을 푼다는 거야! 그리고, 사마귀 암컷은 교미하는 동안 수컷을 잡아먹는대!

영화에서: 맷 딜런과 니브 캠벨, 드니스 리처즈가 출연한 영화 〈와일드 씽〉에는 남자들 사이에서 가장 흔한 판타지가 담긴 장면이 나와. 그건 바로 한 남자와 두 여자가 함께하는 스리섬이지!

> **명심해……**
> 두 사람 모두 좋아하는 음악을 틀면, 성행위에 활력을 더하고, 쾌감을 더할 수 있어! 음악은 두 사람의 몸을 더 잘 움직이게 하고, 리듬에 맞춰 움직이는 데 도움이 되거든.

- **트럼프 카드 이용하기**: 스트립 포커라던가 여타 유사한 게임을 해서, 질 때마다 옷을 벗는 거야. 카드를 일부만 써서 할 수도 있고, 픽처 카드(잭, 퀸, 킹)를 빼고 할 수도 있어. 또, 슈트(모양)마다 성행위를 지정할 수도 있는데, 가령 다이아몬드는 자위, 클럽은 오럴 섹스로 정한 다음에 카드에 적힌 숫자에 따라 해당 행위를 몇 분 동안 하는 식이야.

흥미진진한 장소들

심지어 집을 나가지 않고서도, 파트너와의 섹스를 새로운 경험으로 만들어 줄 신선한 장소를 찾을 수 있어. 예를 들어, 테이블 위나 부엌 바닥에서 해봐. 세탁기 위에서 진동을 즐기면서 해보는 것도 좋고!

욕실은 널리 알려진 장소이긴 하지만, 욕조에서 하는 섹스가 항상 즐겁기만 한 건 아니야. 뜨거운 물에 오래 노출되면 질 건강에 좋지 않기도 하고, 음경의 발기가 풀릴 수도 있거든. 그런 상황이라면, 욕조에서 물을 좀 **빼도록 해**!

아슬아슬한 행위들

두 사람이 서로를 신뢰하고, 함께 더 아슬아슬한 행위를 하고 싶어 한다면, 한번 해보지 않을 이유가 뭐겠어? 수갑이나 스카프를 이용하는 섹스는 즐거운 경험이 될 수 있어. 한 사람이 도미넌트(지배자) 역할을 맡아 상대를 침대에 묶은 뒤 뭘 할지 정하는 거지. 물론 **상호 동의는 필수**야. 서로가 허용하는 범위가 어디까지고, 상대가 뭘 하고 싶어 하는지 명확히 알 수 있어야 하니까.

커플 사이에서는 다양한 행위를 시도해 볼 수 있어. 그렇지만, 상대를 잘 모르거나 그 사람과 정확히 어떤 관계를 맺고 있는지 확신할 수 없을 때는 신중하게 생각해야 해! 어떤 게임은 널 범죄에 아주 **취약한 상태로** 만들고, 자력으로 빠져나오기 힘든 상황에 **빠지게 해**. 또 단체로 하는 행위는 조심해야 해. 수치스러운 경험을 하게 될 가능성도 있거든. 어쨌든, 이런 행위는 사전에 충분히 생각해 보고, 하고 싶다는 확신이 들 때만 해야 해.

나에게서 너에게로……👍

파트너와 만난 지 몇 달 정도 됐는데, 사랑에 빠졌어요. 파트너에게 제 친구와 함께 스리섬을 해보자고 얘기하고 싶어요. 저는 미친 걸까요? **A. F., 18**

전혀 아니야. 스리섬 역시 섹스의 한 종류야. 단순히 너와 네 파트너 사이에 다른 사람이 끼어들길 바란다고 해서, 네가 파트너를 사랑하지 않는다는 뜻은 아니야. 그냥 그런 상황에 흥분하는 사람이라는 뜻일 뿐이지. 관련된 사람과 이야기를 나눠봐. 다들 좋다고 하면 한번 해보고. 그렇지만 그 행위가 연인 관계나 친구 사이에 영향을 줄 수 있다는 사실을 명심해. **추시타**

모두가 다 좋아하는 테크닉

마사지: 오일과 크림, 상냥함을 듬뿍 써서 파트너의 몸을 마사지하는 것으로 시작해 봐. 두 사람 모두 큰 즐거움을 느낄 수 있을 거야. 마사지는 연인 사이를 더 좋게 해 주고, 서로를 점점 더 원하게 해.

눈 가리기: 눈을 가리고 자신을 오롯이 욕망에 맡겨봐. 감각에 의존한 채로 무방비로 노출된 기분을 느껴. 파트너의 눈을 가려도 좋고, 자신의 눈을 직접 가려도 좋아. 그러면 눈을 가린 사람의 운명은 상대 손에 달리게 돼. 어떻게 하면 파트너의 몸을 가장 잘 즐길 수 있을지, 상대가 정하는 거야.

얼음: 각얼음을 쓰면 성생활이 더 상쾌해질 거야! 얼음을 손에 쥐고 있다가 상대의 민감한 곳에 올려 봐. 뜨거운 몸에 차가운 감각이 더해지는 순간, 피부와 젖꼭지, 음모가 곤두서면서 놀랍고도 새로운 느낌을 받을 수 있을 거야……

에로틱한 맛: 어떤 음식이나 음료는 성행위에 활력을 불어넣을 수 있어! 조각낸 딸기나 휘핑크림, 초콜릿 시럽을 써서 몸에 그림을 그려봐. 그다음에는? 핥아먹으라고!

롤 플레이: 파트너를 위해서 잠시 자기 자신이 아닌 다른 누군가를 연기해봐. 아주 에로틱한 경험을 할 수 있을 거야! 의사와 환자 놀이를 해도 좋고, 선생님과 학생 연기를 해도 좋고, 처음 보는 사람인 척해도 좋고, 위험에 처한 파트너를 구출하러 온 소방관이 되어 봐도 좋고, 파트너를 불시에 습격한 섹시한 도둑으로 변신해도 좋아……

거울: 거울 앞에 앉은 채로 자신의 몸을 파트너가 지켜보게 하는 것은, 나아가 자신의 몸이 움직이는 모습을 지켜보게 하는 것은, 엄청 짜릿한 일이야! 게다가 더 깊이 있는 섹스를 경험하는 데도 도움이 되고, 마치 두 사람이 주연으로 출연한 영화를 보는 기분도 느낄 수 있어. 부끄러워하지 마!

⚠️ 카메라는 조심해야 해

요즘은 누구나 스마트폰이나 태블릿 기기에 딸린 카메라를 들고 다녀. 하지만, 자신이 섹스하는 모습을 촬영하는 건 권할 만한 일이 아니야. 그 영상이 스트리밍될 수 있고, 잘못된 사람의 손아귀에 들어갈 수도 있으니 말이야.

용어설명

A

아마존(Amazon)
여자가 남자 위에 올라가는 체위.

항문(Anus)
남녀의 성기 뒤에 난 구멍.

C

절정(Climax)
쾌감과 흥분이 극에 달하는 지점. 절정에 이르면 흔히 오르가슴을 느끼지만, 반드시 그렇지는 않다.

클리토리스(Clitoris, 음핵)
여성의 성기에 있는 기관. 대음순 사이에 숨어 있다.

성교(Coitus)
두 사람의 성기가 직접 접촉하거나, 한 사람이 자신의 성기를 다른 사람의 성기에 삽입하는 행위.

콘돔(Condom)
성병과 원치 않는 임신을 막아주는 최고의 안전장치. 고무 조각이다.

쿤닐링구스(Cunnilingus)
오럴 섹스의 하나로, 입으로 음부를 자극하는 행위.

D

딜도(Dildo)
발기한 음경 모양의 섹스 토이.

E

사정(Ejaculation)
음경에서 액체가 분출하는 현상. 때로는 음부에서 사정이 일어나는 경우도 있는데, 이런 일은 보통 오르가슴을 느낄 때 일어난다.

발기(Erection)
음경이 흥분한 상태로, 이때 음경은 위로 치솟으며 단단해진다.

F

펠라티오(Fellatio)
오럴 섹스의 하나로, 입으로 음경을 자극하는 행위.

포피(Foreskin)
귀두를 덮은 피부 막으로, 귀두와 음경 소대로 이어져 있다. 포경 수술을 하면서 제거하는 경우도 있다.

프렌치 키스(French Kiss)
혀를 써서 하는 키스

G

귀두(Glans)
음경의 머리 부분으로, 두툼하고 분홍색을 띤다. 포피로 덮여 있다.

그루밍(Grooming)
성인이 미성년자를 성적으로 학대하려는 목적으로, 소셜 미디어를 이용해 미성년자의 신뢰를 얻으려 하는 행위.

지스팟(G Spot)
질 안쪽 어딘가에 있는 대단히 예민한 성감대.

H

처녀막(Hymen, 질막)
질 입구 일부를 덮고 있는 얇은 막으로, 보통 삽입 시 찢어진다.

진한 애무(Heavy petting)
직접 성교를 하지는 않지만, 섹스와 유사한 행위.

K

카마수트라(Kama Sutra)
상상할 수 있는 모든 체위가 적힌 수천 년 된 힌두어 책. 초심자용이 아님!

L

윤활제(Lubrication)
음부나 항문을 촉촉하게 하는 행위로, 항문에 삽입을 하려면 반드시 해야 한다.

M

자위(Masturbation)
손을 이용하거나 성기를 다른 무언가에 문지르는 방식으로 성기를 자극하는 행위.

선교사 체위
(Missionary position)
남자가 여자 위로 올라가는 체위

오르가슴(Orgasm)
성적 자극에 반응하여 몸에
쌓인 긴장이 이완되는 현상
으로, 사정을 동반할 수 있다.

P

음경(Penis)
남성 성기의 긴 부분.

회음부(Perineum)
항문과 성기 사이에 있는
부분.

성감대(Pleasure point)
자극 시 성적인 쾌감을 주고
흥분을 일으키는 신체 부위.

조루(Premature
ejaculation, 조기 사정)
사정을 통제하지 못해, 너무
빨리 사정하는 현상.

전립선(Prostate)
피스팟(P spot)이라고도 알
려진 무척 민감한 성감대로,
남성의 회음부와 항문 안쪽
에 있다.

치골(Pubis)
음모로 뒤덮인 세모꼴 신체
부위로, 성기 바깥쪽에 있다.
여성의 치골은 비너스 언덕
(Mons Veneris)이라고도 불
린다.

R

리밍(Rimming)
입으로 항문을 자극하는
성행위.

S

가위 체위
(Scissors position)
여성 간 성교에 쓰는 체위로,
서로의 성기를 직접 문지르
는 체위.

음낭(Scrotum)
고환을 담은 주머니로, 남성
생식기의 일부.

정액(Semen)
사정 시 음경에서 분출되는
끈적거리는 액체로, 고환에
서 생산된 정액이 들어 있다.

섹스팅(Sexting)
소셜미디어를 통해 에로틱한
이미지나 메시지를 보내는
행위. 그루밍 범죄나 성 착취
의 빌미가 될 수 있다.

성 착취(Sextortion)
착취의 일종으로, 누군가의 에로틱한 사진을 이용하여 그 사람을 협박한 뒤 성적으로 착취하는 범죄 행위.

성병(STIs, Sexually Transmitted Infections)
성관계 시 신체 접촉에 의해 전염되는 질병으로, 콘돔을 써서 예방할 수 있다.

T

고환(Testicles)
남성의 분비 기관으로, 음낭 안에 있으며 정자를 생산한다.

테스토스테론
(Testosterone)
남성호르몬의 일종으로, 생식기에서 생산되며 남성의 성욕을 불러일으킨다.

V

질(Vagina)
여성 생식기에 난 구멍으로, 성적으로 삽입할 수 있는 곳이다.

음부(Vulva)
여성의 외부 생식기를 한데 모아 두루 일컫는 말로, 질 주위에 있는 치골, 클리토리스, 음순을 포함한다.